FOREWORD

前言

在這個世界上，總有一些好風景，讓人感嘆造物主的鬼斧神工。在那裡，人的眼睛得到撫慰，心靈得以棲息，人仿佛距離神靈很近，到達了天國裡的仙境。那些絕美的風景，被賦予了一個靈動的名字——人間天堂。

有些地方，會讓你感到時間仿佛凝滯，人生如戲劇一樣富於詩意。那些穿越了歲月煙塵的古城，永遠透露出沉靜悠然的氣息，讓你從縱橫交錯的街巷中，聆聽到遠古的回聲。無論是風花雪月的大理，還是充滿童話氣息的哥本哈根；無論是風姿綽約的水城威尼斯，還是淒美絕倫的卡薩布蘭卡，一座橋、一重門、一尊雕塑、一首老歌，都在訴說著一個個動人的故事。在隔世之音的召喚下，盡享歲月的寬容。

有些景致，讓你發覺語言變得乏力，讚美也顯得多餘，因為視野所及無不是完美的畫卷。你只想什麼也不做，靜靜地徘徊在它的身邊。在山水空靈的科摩湖，在人間仙境香格里拉，在神奇的「野生動物樂園」馬達加斯加，或是在最接近天堂的米克諾斯島，你只需默默地守候那份美麗，從晨曦到日暮，守候著心中對世外桃源的嚮往，細細品味浮生半日閒。

有人說，旅行就是生活。山川湖海，古城小鎮，天涯海角，只要是好風景，無不值得一一踏足欣賞。那些去處，有的蘊含了恒久深摯的浪漫，有的充滿透徹塵世的純淨，有的渲染了夢幻般的色彩，也有的擁有一種懷舊或狂放不羈的情懷。還有的，也許只是一償你擁有奢華尊貴之感的心願，比如紙醉金迷的拉斯維加斯、黃金打造的杜拜……

如果你渴望奇特的視覺體驗，或者幻想天堂般的夢境降落人間，如果你厭倦了現代文明的符號，嚮往遠離塵世喧囂的淨土，那麼，你又如何能夠抵擋那些人間天堂對你的靈魂誘惑？打點好你的行囊和心緒，選一個可以讓生命豐滿起來的地方，去那裡寫詩、喝酒，或是尋找流失千年的浪漫萍聚。

目　錄

全·球·最·美·的
人間天堂

哥本哈根

走·進·童·話·世·界

如果說安徒生用童話編織了世界上最美麗而浪漫的夢幻，那麼哥本哈根將帶你重溫這一切。

Copenhagen

地理位置
歐洲 丹麥

天堂名片
美人魚銅像、
阿美琳堡王宮

哥本哈根的美人魚銅像位於朗格寧海灣的長堤公園內，是丹麥著名雕塑家愛德華·埃里克森根據安徒生童話《海的女兒》鑄塑的。清麗脫俗的美人魚靜靜地坐在一塊近似卵圓形的花崗石上，用憂鬱的目光眺望著蒼茫的大海。那哀婉動人、淒涼憂傷的神態，折射出安徒生童話攝人心魄的魅力。

提起哥本哈根，幾乎所有人的心中都會出現一個名字——安徒生。《海的女兒》、《賣火柴的小女孩》等美麗的童話故事，在許多人的生命中留下了浪漫的記憶。而哥本哈根，正是童話的故鄉。

在這座安靜的城市裡，處處瀰漫著濃郁的童話氣息。整潔的大街小巷，植滿花草綠樹的街頭公園，低樓層的、有著尖尖屋頂的房子，二十多個可供參觀的博物館，隨處可見的藝術雕塑，以及那些中世紀留存至今的充滿滄桑感的古堡，還有靜謐的鄉村，金黃的麥田，忙碌的莊園，古老的鄉村教堂，獨具風情的小酒館……無不將你從現實的塵囂中拉離，帶進悠遠的意境和迷人的夢幻。

哥本哈根是丹麥的首都，也是北歐最著名的古城。從11世紀初的小漁村，到12世紀以後繁盛的貿易港口，經過時間的洗禮，哥本哈根愈發顯出獨特的魅力。古香古色的風物與現代時尚的建築交相輝映，仿佛達成默契一般地排列在城市的各個角落，音樂、美酒、時尚等歡樂的元素與濃郁的童話氣息匯集在哥本哈根的大街小巷和波光水影裡，使整座城市古老而不沉重，繁華而不浮躁。

在哥本哈根，最美麗的風景當屬海濱公園。國內的美人魚銅像是童話王國最具標誌性的雕塑。這尊雕塑根據安徒生的童話《海的女兒》而塑造，小美人魚的銅像坐落在寬大的岩石上，淒婉地望著大

阿美琳堡王宮位於哥本哈根市區東部的海濱，是一組華麗的哥德式建築。從18世紀末起，這裡就是丹麥王室的主要宮殿。現在，每當女王瑪格麗特二世住在王宮時，其所在的建築物上便會升起丹麥國旗。

海深處，深情回味著那個只屬於她自己、同時也打動了所有心靈的愛的故事。每天，世界各地的遊客慕名而來，排著長隊要一睹小美人魚的風姿；那些早已讀懂了故事中善良與奉獻的人們，總是默默地在某個落日的餘暉中，拍下小美人魚的倩影。

行走在哥本哈根，你永遠不會寂寞，道路兩旁的建築和雕塑為你無言地講述著古城的過往，如同講述一個個你永遠聽不厭的童話故事。位於市中心的克利斯蒂安堡是年代最久遠的古堡，雖曾歷經火燒，但透過它仍能感受到昔日王宮的神聖與恢弘。克倫堡宮是名劇《哈姆雷特》創作的背景宮殿，它所散發出的寂寞、憂鬱的情調，似乎無形中浸入到整個城市的空氣裡。

阿美琳堡是丹麥皇室的冬宮，裡面住著現任丹麥國王，因而成為最受遊客青睞的建築。這座古樸的王宮建成於18世紀中葉，由四座不同職能和風格的宮殿組成。在這四座宮殿的前面，有一個八邊形廣場，中間安放著由法國雕塑家薩利所創作的皇宮建造者菲特烈五世的塑像。這座雕像生動地刻畫了菲特烈五世國王騎馬出行的英俊形象，被稱為「歐洲最美的雕像」，吸引了絡繹不絕的觀光者。

在阿美琳堡王宮的廣場上，每天中午十二點舉行的皇家侍衛隊換崗儀式也吸引了許多遊客駐足。守衛在王宮前的皇家侍衛隊士兵身穿古軍裝，頭戴熊皮帽，腳蹬大皮靴，身後背著劍與彈匣，活脫脫像安徒生童話裡描繪的「洋鐵兵」。每到換崗的時候，在軍樂隊的奏樂中，士兵們威嚴莊重地完成交接儀式，場面盛大而壯觀。

幾乎每一位來到哥本哈根的遊客，都不忘去拜訪位於新港的安徒生故居。這只是一座樸實、簡潔的老房子，卻承載了哥本哈根真正的靈魂。公寓的臥室至今還保留著昔日安徒生在

童話的誕生地哥本哈根，整座城市都彌漫著一股浪漫的氣息。

這裡生活的模樣，不足10平方公尺的狹小空間裡，只簡簡單單地擺放了一張床、一方桌子和一把椅子，桌子上還放著一些手稿。

在這間簡樸的房子裡，安徒生度過了幾十年局促的生活。饑餓、貧困的折磨，輾轉在店裡做學徒的奔波，疾病的困擾，舞臺表演夢想的幻滅，因愛情失意而飽受的寂寞之苦，一生都在考驗著這位偉大的作家。他歷盡生活的磨難，卻用他的筆為世人勾畫了一個色彩斑斕的世界，一個充滿希望的美好世界。在他身後，留下了世人幾個世紀也享用不盡的精神財富。

走進哥本哈根，或靜靜地佇立在古堡前，或悠閒地去莊園漫步，或隨意停留在一家獨具風情的小酒館，美麗童話的氛圍就這樣輕輕飄散。或許，你正成為童話的主角，上演新的浪漫故事。

新天鵝堡

白·雪·公·主·的·城·堡

這是童話裡才有的美麗世界，帶著王子與公主式的浪漫，也帶著美夢覆滅後的憂傷。

富森位於山林、湖泊和阿爾卑斯山山坡的交集點。這裡本身就是一個童話的國度，終年積雪的阿爾卑斯山處處流淌著關於魔法與騎士的種種神秘傳說，白牆藍頂的城堡與優美空靈的自然景色渾然一體，藍天白雲，霧海繚繞，蒼林鬱野，湖水如鏡，是德國巴伐利亞州最美的度假勝地。新天鵝堡就位於這個美麗的小鎮上。這座白牆藍頂的古堡，早已成為富森的象徵，也是當地人引以為傲的地標。因為這個古堡，嚴謹的德國人戴上了浪漫多情的桂冠。

Neuschwanstein Castle

🏛 **地理位置**
歐洲 德國

🎞 **天堂名片**
王子與公主的
浪漫愛情

🎬 秋日裡的新天鵝堡傲然獨處，帶著王子與公主式的浪漫，也帶著孤芳自賞的寂寥。

路德維希二世是個忠實的「華格納迷」。新天鵝堡內的這個音樂大廳就是專門為演出華格納歌劇而建造的。演出時，600盞燈全部打開，將整個音樂大廳映視得金碧輝煌。

新天鵝堡絕美的背後是一個年輕國王的悲劇。路德維希二世渾身充滿著藝術家的氣質，天真純潔，耽於夢想，喜愛詩歌，熱愛音樂。他迷失在華格納的歌劇中不可自拔，只是他們之間的友誼並不被他的臣民看好。華格納被迫遠離慕尼黑，只留下孤獨的路德維希二世繼續歌劇中的角色。

路德維希二世自小跟隨表姐茜茜公主生活。後來，15歲的表姐遠嫁奧地利，轉身之間留給年少的路德維希二世無限的惆悵。之後他曾經宣稱自己找到了一生感情的歸屬，只是舉行婚禮的前夕他突然宣佈解除婚約，此後一生未娶。

面對紛繁複雜的政治密謀或人身攻擊，他無力對抗；無法改變的地位和頭銜讓他孤寂無援，感情之路又是那麼坎坷不平。他把自己丟棄在巴伐利亞山區，醉心於音樂藝術和華麗城堡的虛無生活中，沉浸在華格納的童話世界中，他將全部精力都投入到夢想中的新天鵝

如夢如幻的新天鵝堡，靜靜地佇立在阿爾卑斯山麓，美得令人無語、令人心醉……

堡，那是他的夢，一個專屬美的夢。

年輕的國王在未完成的城堡內僅僅居住了170多天，想必那是他一生最快樂的日子。1886年6月12日，年僅41歲的國王在最後一次視察自己的童話世界後對僕人說：「好好為我照顧這些房間，不要讓它們被好奇的參觀者汙穢了，我在這裡花費了一生中最嚴峻的時光——我不會再回到這裡了！」他果然沒有再回來，之後在湖中發現了他的屍體。而5天前，他的家族剛宣布路德維希二世患有精神病。路德維希二世死後，新天鵝堡工程也隨之停工。直到20世紀60年代，依然有很多人斥責修建新天鵝堡是無比愚蠢的行為。如今路德維希二世的夢成為現實，卻更令人唏噓。

新天鵝堡是一座全部由石頭修建的城堡，坐落在天鵝湖邊大約300公尺高的山上。層巒疊嶂之間，石山高原之上，白牆藍頂的城堡輝映著金色的陽光，背面清澈碧透的湖水，絲絨般平滑的水面，仿若一幅尚未乾透的水粉畫。

最美不過夕陽西下，濃紫色的夕陽灑落城堡滿滿的陽光，湖面層層疊疊的顏色推向天際。燦爛光輝中，城堡噴薄而出，你會懷疑自己的眼睛，無法相信路德維希二世真的讓童話駐足。你想投入其中，卻又不忍前行，就那麼看著看著，心中蕩起陣陣漣漪，年少的夢也是如此吧！

新天鵝堡充滿了路德維希二世的藝術家氣質：鋪張而絢麗。置身其中，你會想到靜謐、幽雅、安寧、精美等等詞語，但是沒有一個能夠完全描繪新天鵝堡給人帶來的視覺或者心靈的衝擊。城堡內的陳設處處體現著天

鵝的身影。天鵝頭和脖子造型的門把手，一尊用白色大理石雕刻的天鵝，口中有流水輕響，栩栩如生。尤其是國王臥室30平方公尺的空間內，每個角落都雕刻有造型複雜的天鵝。天鵝展翅欲飛的身影頗為城堡增添了不少夢境之感。也許一切裝飾與擺設都在等待國王和華格納來喚醒它們。

新天鵝堡內最能體現藝術主題的是宗教大廳、音樂大廳和國王臥室。但是最為輝煌的是帝王大廳，15公尺高的天花板將藍色蒼穹搬入室內，浩瀚宇宙中點點星辰追尋太陽的足跡。地板由馬賽克鋪成地球的形狀，植物蒼茫、動物靈躍，厚實的大地就在腳下。天地之間巨大的王冠形燈飾垂墜於大廳中央，96支燭光閃爍迷離。無限世界就這樣凝縮在有限空間內。

新天鵝堡是石頭文化，國王臥室側面居然是人工雕琢的鐘乳石洞，小瀑布灑落水絲無數，水花飛濺，叮咚作響。路德維希二世將想像發揮到極致，曾設想在這裡加入當時最先進的電光設備。城堡內水道環繞，自成體系，利用自然的水壓從蓄水池內供應全城堡用水，這在當時亦是無法想像的。

離開新天鵝堡，一絲失落浮上心間，是悲憫國王過於浪漫的氣質還是扼腕城堡未能完美地體現？無法言說，就像城堡中的那些天鵝，為何總有些憂傷？為何舒展的雙翅總是脫離不了束縛？有些東西離開夢想就無法存在，新天鵝堡就是這樣吧，路德維希二世一生追尋的夢在新天鵝堡自由飛翔。

普羅旺斯

迷◆失◆在◆紫◆色◆的◆花◆海

被薰衣草染成紫色的普羅旺斯，是一座適於在其中為愛情尋找最完美定義的城市。

Provence

🏛 **地理位置**
歐洲 法國

🎬 **天堂名片**
薰衣草、
格拉斯小鎮

它是中世紀詩人在詩歌中描繪的「快樂王國」，也是今天的度假勝地「蔚藍海岸」。普羅旺斯永遠沒有都市裡浮光掠影的奢華和蕭瑟凜冽、蔚藍海岸澄澈的天空、湛藍的海水、終年和煦的暖風，帶給了人們追尋浪漫的風情。

來到普羅旺斯，你會立刻發現，它的空氣中總是充滿了一種獨特的花香。放眼望去，那是一片紫色的花海，一望無際的薰衣草，在純淨的陽光下向你淡淡地微笑。如果再伴著一些輕柔的海風，迷人的花兒微微擺動，不禁讓你想到薰衣草浪漫的花語——等待愛情。那種美，就仿佛你邂逅一個生命中註定的人，一見鍾情時的微妙心動。

一年四季，普羅旺斯的薰衣草花田呈現出不同的景致。春天，嬌弱的薰衣草吐出綠葉。隨著天氣的升溫，薰衣草的花朵逐漸染成優雅的紫色，直到盛夏，變成醉

🎬 微風從怒放的薰衣草上襲來，一波一波的紫色花浪搖曳著普羅旺斯的浪漫風情。空氣中也彌漫著浪漫的氣息，甜蜜而溫暖。

人的深紫色。這時，花農們也進入了最忙碌的採摘季節。到了秋冬，薰衣草又收斂起它的美麗，在白雪覆蓋的日子裡等待明年的綻放。

　　在普羅旺斯，薰衣草得到了特別的鍾愛。你不僅能夠欣賞到漫山遍野的花海，而且在當地居民的家中，也能看到各式各樣的薰衣草香包、香袋、香水、香燭等。商店裡更是擺滿了薰衣草製成的各種工藝品。無處不在的紫色和香氣，讓你無論走在普羅旺斯的哪裡，都走不出那種浪漫的氣息。

　　人們都知道，法國是香水製造的故鄉。然而，法國的「香水之都」並不是人們通常認為的巴黎，而是普羅旺斯的格拉斯小鎮。這裡至今仍是巴黎各大香水廠的原料供應地，許多世界頂級的香水都是在這兒調配誕生。目前，格拉斯共有30多家香水廠，其中好幾家都對遊客開放，以供遊客參觀製造香水的全過程。離開格拉斯，將屬於這裡特有的味道裝進精美的香水瓶裡，將在這裡的記憶也折疊起來收藏在香水瓶裡，靜靜地等待下一次的重逢。

　　那些鑲嵌在蔚藍海岸的每個小城都牽扯著你的腳步，讓你情不自禁愛上它。漫步在那些古老而迷人的山村、小鎮，徜徉在長滿薰衣草和繽紛花草的原野山間，享受山南和煦的陽光……也許天堂也不過如此了。

巴黎
一◆席◆流◆動◆的◆盛◆宴

海明威說：「巴黎是一席流動的盛宴」，這場盛宴似乎永遠沒有散席的那一天，它已流動了幾個世紀，並將繼續浪漫而優雅地流動下去。

Paris

🏛 **地理位置**
歐洲 法國

🛏 **天堂名片**
巴黎聖母院、
艾菲爾鐵塔、
羅浮宮

🎐 巴黎永遠是感性而浪漫的，而夜色中的巴黎更是被燈光裝扮得溫馨而華麗。

法國首都巴黎素有「浪漫之都」的美譽，它的奢華與高貴，時尚與絢麗，溫馨與多情，還有積澱了數百年的歷史文化韻味，都讓世界各地的遊客魂牽夢縈。

印象中的巴黎是高聳的艾菲爾鐵塔，是寬闊筆直的香榭麗舍大道，是美輪美奐的楓丹白露宮，是輝煌壯麗的凡爾賽宮，是從容流淌的塞納河，是巴黎商場裡令人眼花繚亂、貴得令人咋舌的奢侈品，是尋常巷陌裡充滿人情世故的咖啡館和酒吧，是街頭出雙入對、你儂我儂的浪漫情侶，是這一切一切的完美結合。

美麗的塞納河由東向西，成几字形貫穿了巴黎。千百年來，塞納河生生不息地孕育巴黎的靈魂，默默地傳承歷史的古韻和幽情，仿佛一首婉轉多變的樂曲，時而活躍，時而寧靜，時而奔放，時而厚重。

象徵巴黎古老文化的巴黎聖母院，安然地坐落在塞納河中心城島上。這個巴黎人心目中「最年長的女士」，始建於1163年，歷時182年，到1345年才全部建成。巴黎聖母院的建造全部採用石材，在世界建築史上被譽為「一篇由巨大的石頭組成的交響樂」。它是「哥德式」教堂的典型代表，正門3個大拱門上的浮雕，精雕細刻，共有1000多個人物。每一個來到這裡的人，都在大作家雨果的引領下，體會著不朽的傳奇。

如果說巴黎聖母院是古老巴黎的象徵，那麼，毫無疑問，艾菲爾鐵塔就是現代巴黎的標誌。艾菲爾鐵塔始建於1887年，1889年建成，高320.7公尺，占地約1萬平方公尺，塔身為鋼架鏤空結構，共用了1.8萬多個部件、250萬顆鉚釘。塔上設有多台望遠鏡，每逢晴空萬里，可以看到遠達7萬公尺之內的景色。它的建造無論用材和造型都是時代的創新，引領了建築史上新的美學時代。

《達文西密碼》中，那個神秘莫測、詭譎多變、暗潮湧動的羅浮宮博物館，是現代法國國家博物館和藝術展覽中心，也是法國歷史上最悠久的王宮。羅浮宮整體建築呈「U」形，占地面積為24公頃，建築物占地面積為4.8公頃，全長680公尺，是一座真正的迷宮。如今，羅浮宮中共收藏有40多萬件來自世界各地的藝術珍品，分列在東方藝術館、古希臘及古羅馬藝術館、古埃及藝術館、珍寶館、繪畫館及雕塑館六大展館中展出。

凱旋門是拿破崙為了顯示他輝煌的功勳而建造的，是現存世界上最大的圓拱門，也是世界上最早建造的凱旋門式建築物。它始建於1806年，30年後建成。凱旋門

要體會巴黎的浪漫風情，最好的方式就是在天幕低垂之際登上艾菲爾鐵塔，等待星辰交錯、流光溢彩的巴黎夜景。

只有一個拱洞，高50公尺，寬45公尺。門牆上的石雕描繪的是拿破崙在1792年至1815年的戰爭歷史。其中最著名的，也是最精美的一幅就是拱門右邊的石雕，出自古典雕刻家盧德之手，描繪了1792年義勇軍出征的情景，也是著名的馬賽進行曲——法國國歌的主題。每年法國國慶日，都會在凱旋門舉行盛大隆重的國慶獻禮，吸引成千上萬的遊客蜂擁到此觀賞。

　　輝煌的建築構成了塞納河右岸流光溢彩的風景。而在左岸，巴黎呈現給世人的卻是風格迥異的一面。這個由聖日爾曼大街、蒙巴納斯大街和聖蜜雪兒大街共同構成的區域裡，聚集著羅丹博物館、克呂尼館、MK2藝術院線等卓然不群的文化風物。自17世紀起，左岸逐漸成為知識分子與社會名流的聚集地。大大小小的書

始建於12世紀的巴黎聖母院巍然屹立在塞納河畔，無言，無語，塵封了多少故事。她歷盡榮辱沉浮，看慣人間滄桑，歷練出一種沉靜婉約的美。

華燈初上時，在街邊的咖啡館尋一個安靜的角落，輕啜一口溫熱的咖啡，細細品味著巴黎的夜色，也許天堂也不過如此了。

店，數不清的咖啡館，形形色色的畫廊，放映老電影的小劇院，陳列精美作品的美術館、博物館，還有許多別具情調的酒吧、啤酒館，仿佛一夜之間遍布左岸。來到巴黎左岸，你可能不經意間就走進了海明威曾賒過帳的書店，走進了沙特流連過的咖啡屋，走過了畢卡索發過呆的視窗。丁香園、洛東達、雙偶、圓頂等咖啡館，默默地記錄下了先賢的足跡。

時至今日，巴黎左岸已不再只是個地理區域，而演化為一個充溢著人文藝術氣質的代名詞。提起左岸，人們會很快想到油畫、詩、哲學、咖啡、名流的聚會……當然，還有思想的火花。在左岸，無論是漫步在色彩斑斕的窄巷，還是遊歷於各式各樣的博物館，或是靜靜地看一場古典的舞劇，悠閑地捧一本書，在昏黃的燈光下翻上幾頁，都是在感受一種藝術般的生活。

巴黎，這場流動的盛宴，誰也無法定義它的內容。在這裡，你可以尋找雨果、莫里哀、莫泊桑的足跡，可以欣賞繪畫、雕塑、建築藝術，可以在繁華的街區邂逅一段唯美的愛情，也可以在最前沿、最時尚的品牌店購物。無論是誰，巴黎都能幫你找到屬於自己的浪漫。

西雅圖

來·自·靈·魂·深·處·的·浪·漫

青山、藍湖、幽港、綠樹，仿佛帶著青綠顏色的風雨，還有整個城市飄散的濃濃的咖啡味道，西雅圖的浪漫就是這樣自然地呈現。

西雅圖位於普吉特海灣與華盛頓湖之間，是美國西北部最大的城市。它海拔較低，擁有古老的冰川、終年積雪的山峰和活躍的火山。它是去往寒冷的阿拉斯加的門戶，卻擁有溫潤的氣候、充沛的降雨和如春的四季。

錯落的港灣與河道，幾十個大小不等的湖泊，覆蓋著原始森林的山巒、平地，都默默地掩映著這座美麗的城市。蔥郁的樹木，青翠的草地，碧藍的湖水，蒼茫的田野，將西雅圖裝點成淡淡的青綠色。有人說，就連西雅圖飄來飄去的雨，輕輕掠過的風，都帶著青綠的顏色。

在電影《西雅圖夜未眠》中，整個城市繁華的街景，美麗的夜色，伴隨著失去妻子的山姆找尋新的真愛的動人故事，曾讓無數觀眾沉醉於那淡淡的哀愁、輕輕的溫存，以及無窮無盡的愛意。西雅圖，也隨著這部純情浪漫的電影，聲名大噪。

西雅圖這座溫潤典雅的城市，仿佛在白天的陽光下不事張揚，只有到夜幕降臨時才慢慢綻放它的美麗。幽靜的水域泛起波光粼粼，倒映出各色的建築、蜿蜒的公路和大街小巷上漫步的人群。天空如同藍紫色的天鵝絨，由於空氣的潔淨仿佛還帶著一點透明的顏色。在多雨的季節裡，細雨的點綴更為夜的寧靜增添了幾分別致。在西雅圖的夜景裡，你也許會不知不覺地導演出屬於自己的浪漫故事。

正如到巴黎一定要遊覽艾菲爾鐵塔，來到西雅圖的遊客，一定不能錯過美麗的太空針塔。這是西雅圖最負盛名的景觀，落成於20世紀60年代，是愛德華·卡爾森為世界博覽會設計的專門建築。這個奇特的造型設計，其靈感來自於德國的斯圖加特，當時，設計的草稿就被繪在咖啡廳的餐巾紙上。如今，每天都有世界各地的遊客紛至遝來，爭相登上這座標誌性建築。184公尺的高度，離地面159公尺的瞭望台，以及旋轉餐廳，讓你全景俯瞰美麗的西雅圖，甚至周邊的山川海灣也能盡收眼底。

咖啡文化是西雅圖浪漫的靈魂。走在西雅圖的街道上，手端咖啡杯邊走邊喝的行人隨處可見。輕輕吸一口西雅圖

西雅圖的夜看似靜謐，卻隱約地可聽見來自這座城市靈魂深處的歌聲。

Seattle

地理位置
美洲 美國

天堂名片
太空針塔、
咖啡文化

的空氣，就會聞到一股沁人心脾的咖啡香氣。在西雅圖，知名的咖啡連鎖店數不勝數，小型社區咖啡館更是隨處可見。星巴克，這個全球最大的咖啡連鎖店，也是在西雅圖最早開張。每個人都可以選擇自己的最愛，在咖啡館讀書、工作、休息，與朋友促膝長談，靜靜地消磨一個下午的時光。

西雅圖是文化藝術的中心。西雅圖中心、史密斯塔、派克市場、新西雅圖中心圖書館、西雅圖音樂體驗館…… 一遍又一遍地上演著西雅圖的格調，與街區不計其數的藝術畫廊交相融合，散發出只屬於西雅圖的迷人氣息。你去看西雅圖的顏色，是青綠；你去聞西雅圖的氣息，是咖啡的香味；你去感受西雅圖的性情，是文化藝術的氣質。想到西雅圖，除了浪漫，很難再找到合適的詞語來形容。西雅圖的浪漫絲毫不需商業的包裝。它就是這樣自然地呈現，悄悄地浸潤到你的靈魂深處。

夏威夷

天·堂·鳥·盛·開·的·天·堂

陽光、鮮花、大海、美女，是夏威夷永恆的主題；美麗、浪漫、神奇、奢華，是夏威夷永恆的基調。

晚霞把所有的景致都染成了金色，顯得格外溫馨而浪漫。

碧海藍天，椰林樹影，夏威夷美得如詩如畫。

夏威夷是位於太平洋中心地帶的一組群島，州府名為火奴魯魯，但中國人更喜歡稱它為「檀香山」。這裡是孫中山先生最初成立興中會的所在地。直至今天，孫中山的銅像還佇立在檀香山的街頭。二戰時被日軍偷襲的珍珠港位於檀香山西面10公里處，如今已經成了紀念館。港灣中停泊的「密蘇里」號戰艦見證了日本簽署投降書的歷史瞬間，如今退役後也停泊在這裡，一同悼念著海底的亡魂。

夏威夷海灘以其獨特的熱帶風情，吸引著全世界各種膚色的遊客。也許你一回頭就會看到某位好萊塢大牌明星，而與你擦身而過的那位老者或許就是一位政要或富豪。威基基是夏威夷海灘的代名詞，長長的海岸上鋪滿了白色的細沙，陽光透過厚厚的雲層灑落到海面上。從高處俯瞰下去，藍中帶綠的海面透明得能夠看清海底的礁石，遠處的海水藍中帶黑，深不可測，再遠處不時有白色的豪華巨輪緩緩駛過。沙灘邊高大的棕櫚樹下，精緻的小道邊，修剪整齊的草坪上，散落著一個個散發著濃郁香氣的燒烤台。傍晚時分，縷縷炊煙從林間升起，暖暖的清風夾著烤魚蝦的香味，帶有強烈節奏感的音樂順著海風傳到沙灘上，向遠處的人們傳遞著溫馨的氣息。

瓦胡島北部的波里尼西亞文化中心為遊客再現了波利尼西亞人的日常生活，園內分為七個村莊，分別代表夏威夷、薩摩亞、馬克薩斯、東加、紐西蘭、大溪地與

也許只有夏威夷，才能孕育出如此神奇而美麗的天堂鳥花。

斐濟。各村都有特色鮮明的代表性建築，村民穿著傳統服飾向遊客問候後獻上手中的花環。這裡最熱鬧的時候是每晚由150個演員參與的名為地平線的晚會，被稱為「夏威夷最輝煌的表演」。韻律十足的音樂聲中，飄曳的草裙舞配合著音樂的旋律，展現著優美的舞姿。如詩的氣氛、如畫的情調令人陶醉其中，流連忘返。

　　大概是地處熱帶的原因，生長在夏威夷的花朵色彩絢麗，形狀婀娜，美得讓人目眩。有一種花名叫「天堂鳥花」。這種花的花朵特別大，四個花瓣和花蕊恰一隻展翅欲飛的鳥。更絕妙的是，它的花朵被一個深綠色的花莖托住，上面還有深紫色與紅色的線條，莖的頂部呈斜坡狀，仿佛是天堂鳥飛向空中的跳板或起跑線。這樣絢麗的花朵據說是夏威夷所獨有的，而當地人堅信這樣美麗的花只能生長在天堂，而夏威夷就是這樣一處人間的天堂。

　　入夜，高大的椰子樹在夜空中變成黑色的剪影，空氣裡彌漫著食物的香氣與快樂的氣氛，依著欄杆，偎著愛人，塵世中的一切煩惱都變得特別遙遠了。

Hawaii

🏔 **地理位置**
　　大洋洲（屬美國）

🎬 **天堂名片**
　　威基基、波里尼西亞文化中心、天堂鳥花

賽普勒斯

愛•神•之•島

古老奇幻的神話、甜蜜愛情的邂逅、緣定三生的諾言……這是只有賽普勒斯才有的浪漫。

愛神之島，處處洋溢著一種唯美而浪漫的氣息。

在義大利畫家波提切利的名畫《維納斯的誕生》中，身材頎長的維納斯緩緩地從大海的泡沫中升起。相傳，這位古羅馬神話中愛神的誕生聖地就是賽普勒斯，地中海上一個美麗的島國。

賽普勒斯在地理位置上屬於亞洲，但在文化、政治上又是歐洲的一部分。關於愛神維納斯的美麗傳說在這裡已流傳了3000多年，因此賽普勒斯又有「愛神之島」的美稱。

風光旖旎的賽普勒斯，奇觀美景交相輝映。清澈湛藍的海水環繞著整個海島，金色的海灘為海島鑲嵌了一道金邊。在長達半年的夏季裡，這裡就是游泳者與水上運動愛好者的天堂。他們沐浴在和煦的陽光下，盡情暢遊在清涼的碧海中。內陸層巒疊嶂的山脈，鬱鬱蔥蔥的林木，雄偉壯麗。

阿伊納帕金色的海灘，清澈的海水，美如夢境的夜晚和純樸的人民，共同構成了賽普勒斯的歷史風情畫卷。阿依納帕在法馬古斯特的南部，這裡民風純樸，當地人總是那麼親切、友好又充滿熱情。來到這裡，就會給人一種歸屬感，一種回家的感覺。

賽普勒斯之所以被稱為「愛神之島」，是因為傳說中的愛神維納斯誕生在帕佛斯。帕福斯位於賽普勒斯島的西南，是一個氣候適宜、自然環境優美的地方，擁有迷人的海港和風景如畫的露天餐廳。在帕佛斯東南的淺

海中，有一處突兀高聳的巨岩群。這些巨岩有的像衝出海面的石筍，有的像屹立在水中的巨蟒，最大的一塊竟有30公尺高。這群巨岩統稱「羅密歐」，「羅密歐」在希臘文中即「岩石」之意。相傳這附近的海灘就是愛神的誕生地，所以又被稱為「愛神岩」。

在帕佛斯北部還有一處叫做波利斯林的海灘，相傳這裡是愛神最喜歡、最常去沐浴的地方，故被稱為「愛神浴池」。在這兩個岬角之間的小海灣內，水清沙白，岸上銀灰色的橄欖樹與枝闊葉密的長角豆樹交錯成林，遠處淡青色的特魯多斯山脊像一個高聳的巨大玉屏，風景優美，山清水秀。

走進賽普勒斯，就如同跨進了古希臘的美麗神話中。這裡的海水淡淡的，格外溫柔。喝一口芬芳之泉，與愛人許下三生的誓言，或者邂逅一場甜美的愛情，這是只有賽普勒斯才能擁有的浪漫。

瓦賓法魯島

視◆覺◆的◆誘◆惑

「**愛**她，就帶她來馬爾地夫的瓦賓法魯島！」

Vabbinfaru Island

地理位置
亞洲 馬爾地夫

天堂名片
寧靜 浪漫

帶著愛人，和她（他）一起坐上南去的班機，將目的地鎖定在南亞的島國馬爾地夫。然後，在這個美麗度假國度的1000餘座小島中找到一個叫做瓦賓法魯島的地方。對！這就是屬於你們的蜜月之島。

這裡的美麗是你無法想像的。白色的沙灘懷抱著綠色的小島，周圍翡翠一般的海水清澈見底，在燦爛的陽光下映射出一片迷人而浪漫的孔雀藍。柔軟的海風拂過沙灘邊的木屋，珊瑚與魚群讓醉人的海水更加斑斕多彩。在瓦賓法魯島，你不必去刻意選擇拍攝照片的地點，因為不論向哪裡按下快門，你都能得到如同風景明信片上才能看到的美景。

瓦賓法魯島的海風輕柔而有力，陽光燦爛而不燥熱。漫步在海島的沙灘上，面對碧海、珊瑚、美麗的動物和植物，呼吸著來自大海的濕潤空氣，你會不自覺地小心翼翼，生怕驚擾了周圍的美麗和寧靜。你要相信，在瓦賓法魯島，這種無與倫比的視覺享受絕不是誇張。

而更重要的是，與其他度假海島的喧鬧相比，瓦賓法魯島有著獨有的寧靜，使這座美麗的島嶼成為嚮往寧靜和浪漫的情侶們最佳的去處。島上特意安排了為數不多的住房，因此也就打造了只有少數人才能有幸享有的天堂。在這裡，你也許一天也見不到一個人。

正因如此，瓦賓法魯島是蜜月之旅的不二選擇。在這裡，你和所愛的人能夠擁有這世上最極致的浪漫。清晨，你們牽手環繞著小島散步，看暖陽鋪灑沙灘，海天如此蔚藍；午後，你們一起在近海潛水，撫弄海中豔麗的珊瑚，與大海龜和魔鬼魚一同嬉戲；傍晚，你們點起燭光晚餐，品嘗著辣魚糕、椰奶布丁等特色的佳餚和新鮮的海鮮，搖曳的燭光烘托出難以言說的滿足與幸福。這將是你們最為難忘的時光，這將是只屬於你們的瓦賓法魯島。

美麗、浪漫、寧靜、溫馨，在瓦賓法魯島，什麼樣的愛情不能被見證？又有什麼樣的愛情不能夠永恆呢？

馬貧法當島近岸一多公尺處的淺海呈透明澄
澈的淺藍，再遠些的海水是翡翠般的孔雀藍，深海
則是深邃的幽藍。沒有親眼看到，你真的很難相信
這樣的色彩竟然是真實的。

泰姬陵

守·望·永·恆·的·真·愛

凡是見過泰姬陵的人，都會被它那潔白晶瑩、玲瓏剔透、婀娜多姿的身影所傾倒，被那段哀怨纏綿的故事打動。

Taj Mahal

🏛 地理位置
亞洲 印度

🎬 天堂名片
泰姬陵

有人說，不看泰姬陵就不算到過印度。的確，在世人的眼中，泰姬陵已經成為印度的代名詞，也遮蓋了阿格拉這座城市的所有光芒。因為泰姬陵的存在，阿格拉成為金三角中最耀眼的一個頂角。

阿格拉位於亞穆納河的南岸，距印度首都新德里200多公里。它與德里的南部、齋浦爾的東部形成了三

🎬 晨曦中的泰姬陵，如含苞欲放的粉色花蕾，又如輕紗覆面的少女，帶著幾分羞澀、脈脈含情地俏立著。

泰姬陵的大理石基座四角各有一座高約40公尺的3層塔樓，與主體陵宮彼此呼應。

足鼎立之勢，共同構成了印度古文化之旅的金三角。這裡是蒙兀兒王朝的首都所在地，融合了登峰造極的藝術成就與刻骨銘心的淒美愛情。阿格拉是典型的印度北方城市，喧鬧而擁擠。而就在這裡，屹立著堪稱「世界七大奇跡之一」的泰姬陵。

泰姬陵是17世紀蒙兀兒帝國第五代皇帝沙賈汗為他的妃子蒙泰姬·瑪哈爾修建的陵墓，歷時22年才修建完成。瑪哈爾是一名來自波斯、美麗聰慧而又多才多藝的女子。她深得皇帝的寵愛，可謂是集三千寵愛在一身。然而，自古紅顏多薄命，瑪哈爾在生下第十四個孩子後就死去了。噩耗傳來，沙賈汗悲痛欲絕。這位馳騁縱橫的帝國之首，沙場上指揮若定，卻留不住枕邊最美的溫柔。

於是我們看不到一代帝王，只看到一個悲痛的丈夫耗費22年的時間為愛妻寫下了這段瑰麗的絕響。據說，

沙賈汗本來還打算在亞穆納河對岸，再用黑色的大理石為自己建一座陵墓，然後用一座橋將兩座陵墓連接在一起，與愛妃相對而眠。然而，他的兒子奪權之後，便將他囚禁在一座城堡中。癡情的他只能終日遠眺泰姬陵，懷念自己的愛妃，最終鬱鬱而終。

　　泰姬陵坐落在亞穆納河畔，高67公尺，雕刻精美，從任何角度看它都將對稱之美運用到了極致。整個建築通體用潔白的大理石砌成，外形端莊華美；寢宮的門窗以及圍屏也都用白色大理石鏤雕成菱形帶花邊的小格；牆上則用翡翠、水晶、瑪瑙、紅綠寶石鑲嵌成色彩豔麗的藤蔓花朵。每有陽光揮灑下來，光華奪目，燦若星輝。

每當朝霞初起時，一輪紅日在亞穆納河嫋嫋的晨霧中冉冉升起，而泰姬陵也自香夢沉酣中甦醒，靜謐而安詳。也許正是因為歷經了數百年風雨，才能有這般的泰然自若。中午時分，頭頂藍天白雲、腳踏綠樹碧波的泰姬陵，在南亞耀眼陽光的映襯下，更加光彩照人。而傍晚時分，則是泰姬陵最嫵媚的時刻。夕陽西下，白色的泰姬陵從灰黃、金黃

漸漸變成粉紅、暗紅、淡青色，隨著月亮的冉冉升起，最終變回銀白色。在銀色月光的輕撫下，即將安寢的泰姬陵，美得仿佛是清麗出塵的仙女。

當你真正站在泰姬陵面前時，才會深深體會到它的美。陽光下的泰姬陵，散發著無比聖潔的光彩。太多的感嘆已經無法用語言來表達，你只能找一個角落悄悄坐下，撫摸著身下晶瑩的白色地面，仰望著近在眼前的美麗建築，感受著籠罩在你身邊的一片潔白光輝。「絕代有佳人，遺世而獨立。」俏立於亞穆納河畔這個潔白晶瑩、玲瓏剔透的身影，秀眉微蹙，若有所思。這一刻，任何言語都是多餘的，唯有靜默和傾聽，或許才是最好的表達。

泰姬陵因愛而生，這段愛情的生命也因為泰姬陵的光彩而延續至今，光陰輪迴，代代不息。儘管有人說，美輪美奐的泰姬陵腳下，不知埋藏著多少人的眼淚和生命。但是我們似乎更願意相信，這世上真的有穿越時空的思念，真的有生死相隨的愛情。泰姬陵已然超越了簡單的建築意義，「憂傷隱藏在它華麗的表面之下；河的對岸，那曾經的遙望」。

因此，很多遊客選擇印度的理由只有一個：泰姬陵。什麼也不做，靜靜地徘徊在它的身側，從清晨到日暮，默默地守候著它的美麗，守候著心中那份對愛情的美好嚮往。

 正午時分，白色的大理石陵寢在陽光的映照下變成了金黃色，恰似一座富麗堂皇的瓊樓玉宇，無言地訴說著這段天地間亙古長存的愛情。

大理

追·覓·風·花·雪·月

如果，你相信風花雪月是真愛的代名詞；那麼，就到大理來追覓完美的愛情吧。

神奇美麗的大理，地處中國雲南省中部偏西，東巡洱海，西及點蒼山脈。這裡四季如春，氣候溫和，山水秀麗，原野肥沃，遠在四千多年前，就已經開始孕育獨特的文化。如畫的自然風光，深厚的歷史積澱，濃郁的民族風情，彙聚在這片古老的土地上，幻化成一幅頗具內涵的山水畫，吸引著無數遊客前來追尋。

位於大理古城北的崇聖寺三塔，建於南詔和大理國時期。它東面洱海，西靠蒼山，無言地見證著世間的風風雨雨和悲歡離合。

盛裝的白族少女載歌載舞，真可謂人美舞也美，舞美人更美。

大理以「風花雪月」聞名天下，「下關風、上關花、蒼山雪、洱海月」，浪漫的傳說流轉千年，悠悠不滅。人們很難說清，是「風花雪月」的勝景釀成了唯美浪漫的愛情，還是愛情的浪漫元素成就了「風花雪月」的盛名。無論如何，今天來到大理的人們，許多是懷著追尋完美愛情的心境，抵達這塊天堂聖地。

「山則蒼龍疊翠，海則半月掩藍」，這句古詩描繪的是大理最具代表性的風景——蒼山洱海。

大理城西面的點蒼山，又名蒼山，由十九座嵯峨崢嶸的山峰組成，最高峰達四千多公尺，其他山峰的海拔也在三千公尺以上。高寒的環境使山頂的積雪終年不消，所謂「炎天赤日雪不融」，造就了大理「風花雪月」四景之最。

在早春晴朗的日子裡，清新的陽光與蒼山的積雪相互映襯，將蒼山裝點成一個冰清玉潔的水晶世界。又兼山腰變幻多姿的白雲加以點綴，如玉帶一般綿亙百里，時而淡淡如煙，時而濃厚層疊，為蒼山更添幾分嫵媚。更奇特的是，每兩座山峰之間都有溪水由山頂傾瀉而下，構成十九峰十八溪的獨特景觀，令人不得不驚嘆鐘靈毓秀、造化神功。

攜三五好友，或與愛人相邀，抑或獨自徒步旅行，緩緩地漫步蒼山山麓，遙望經年白雪，靜聽溪水潺潺，欣賞漫山開遍的杜鵑花、馬纓花，靜觀清澈的高山冰磧湖泊，以及湖泊四周遮天蔽日的原始森林，那種心靈的棲息何等愜意。

有「高原明珠」之稱的湖泊洱海乾淨透明，形如一彎

Dali

🏛 地理位置
　　亞洲 中國

🏞 天堂名片
　　蒼山洱海、
　　白族風情

新月，啟迪著你對愛情至真至純的嚮往。洱海上空的天色永遠那麼澄澈，潔白的雲朵散發著如花朵般的燦爛微笑，倒映在風平浪靜的湖面上，一種單純的美麗渾然天成。泛舟湖上，什麼也無需做，就這樣輕輕地閉上眼睛，享受純天然的意境。隨之而來的，也許是寧靜悠遠的思想，也許是靈魂深處的蕩滌，也許是面對未來充滿愛意的生活的淡淡愉悅的心情。

在蒼山與洱海之間，有一處奇特的景觀，名為「蝴蝶泉」。蝴蝶泉的得名源於中國明末的地理學家徐霞客的記載。根據他在書中所寫，每年四月，泉邊的大樹開花，形如蝴蝶，隨風顫動，生意盎然。還有千萬隻真正的彩蝶飛舞其間，五彩斑斕，形成一個色澤絢麗的蝴蝶花園，如霞如錦，蔚為壯觀。後人就將這口清泉命名為「蝴蝶泉」，將四周開花的樹木叫做「蝴蝶樹」。如今，由於數百年間生態氣候的變化，這種奇景已不常見，但蝴蝶泉依然被認為是大理最具傳奇色彩的景觀，不可不至。

在歷史悠久的大理，還有一處著名的遊覽勝地，那就是大理古城。有人說，大理是「文獻名邦」，不僅有四千年歷史留下的豐富文物古跡，更有唐、宋、元作為雲南都城的燦爛文化與輝煌記憶。今天的大理古城（簡稱榆城）修建於明初，保留了部分城牆、城樓，那些殘存至今的風物，記錄著大理城歷經歲月洗禮的深度與厚度。

崇聖寺三塔是雲南歷史文化的象徵，這座建於公元9世紀的古老建築物，經歷幾個世紀的風霜雪雨，竟屹立不倒，風采如故。三塔挺立在蒼山之麓，堅毅而執著地守護著大理城曾盛極一時的佛教文化。

大理是白族聚居區，風情別樣的白族民俗成為大理的又一張名片。透雕或圓雕的格子門窗，裝飾著雲紋、蓮花等水墨圖案的山牆，灰白色的民居庭院，鑲嵌大理石屏的照壁，獨具特色的美食，精美的蠟染、扎染，還有活潑動聽的白族

小普陀位於大理洱海金梭島以北約一萬公尺的湖面上，其實是湖中一塊孤零零的礁石，其上有閣。這塊礁石形如方印，相傳是觀音大士留下的鎮海之印。

山歌、小調，無不傳達出濃郁的白族風情。如果有機會親身體驗一次白族的傳統婚禮，那更是終生難忘的經歷。

　　大理好風光。如果你執著於對浪漫愛情的追尋，或抹不開對別樣文化的情愫，不妨背起行囊，踏上前往大理的旅途。去看遍風花雪月，描繪完美愛情的樣子；去撫遍文物古跡，感受一段歲月的悠遠；去品評白族風情，汲取一種新鮮的體驗……

墨爾本

時◆尚◆女◆性◆的◆生◆活◆饗◆宴

墨爾本是一個由繁華巷道、高檔酒吧、典雅畫廊與奇特的精品店組成的迷宮,經濟獨立的女性想要什麼,在這裡都能得到。

Melbourne

🏛 地理位置
　大洋洲
　澳大利亞

📷 天堂名片
　時尚女性的購
　物天堂

在拱廊街道裡的精品屋淘貨,在不起眼但稱得上精緻的酒吧裡約會,在歐洲風格的巷子裡遍嘗美味佳餚,在高大奢華的劇院裡看一場演出,在充滿活力與歡樂的球場狂熱運動……在時尚女性的精采生活中,這些都是不可或缺的元素。

在墨爾本,隨便你想要怎麼消費,都能得到滿足。

昔日的首都墨爾本,一度是澳大利亞最大的城市,繁華與時尚的氣息傳承至今,造就了文化、藝術、娛樂、購物、美食、體育樣樣都有特色的墨爾本。濱海的風光,維多利亞式的建築,風格各異的歌劇院,五彩斑斕的畫廊,綠樹成蔭的大道,以及貫穿其間的有軌電車,讓墨爾本充滿藝術的氣質和現代的活力。

來到墨爾本，第一件不可不做的事情就是購物。整個澳大利亞80%的紡織品及製鞋廠商集中在這裡，將墨爾本打造成一個購物的天堂。你可以選擇去遍布世界名牌的哥林斯大街，在諸如澳大利亞購物中心這樣的大型百貨商城挑選奢侈品，也可以選擇去維多利亞女王市場或玫瑰街藝術市場，淘一些廉價卻別具特色的商品。

不論走到哪，不論從哪個角度看，墨爾本都是一幅完美的山水畫卷。

人們常說「墨爾本是澳大利亞的倫敦」，那
座笨重的大鐘似乎在訴說著這城市的古老。

在賓士域街、布朗斯維克街等很多隱蔽的巷道裡，散布著一些特色的精品店，從時裝皮鞋到家居陳設，從珠寶首飾到藝術雕塑，還有很多手工製作的小玩意兒，一應俱全。你可以瘋狂地購物，也可以細細地挑選，甚至什麼也不買，靜靜地欣賞裝飾華麗的拱型騎樓、精美的櫥窗和街景，也是一種不錯的享受。

或許你覺得缺了點情調，那麼商業區林林總總的酒吧正向你敞開門扉。在墨爾本哥德式風格的街道裡，濃濃的咖啡香味讓人沉迷。墨爾本最負盛名的是舊式咖啡文化，特濃的咖啡、香醇的雞尾酒、午後的紅茶，營造出19世紀風格的懷舊氛圍。在繁華的唐人街找一家用集裝箱改造的酒館，在市區內的爵士酒吧裡欣賞樂隊表演，在聖科達的酒吧裡邊喝啤酒邊看夕陽西下，在伯克街裝飾著人造草的粉色小屋中與朋友敘舊……泡吧的樂趣也許莫過於此。

或許你覺得不夠刺激，那麼通宵的狂歡也不失為好的選擇。在布朗斯維克街的咖啡廳出席一場熱鬧的派對，或在一個門窗簡陋卻獨具格調的酒吧跳舞到天明。如果這還不夠，你可以移步亞拉河南岸，去光顧南半球最大的皇冠賭場，體驗24小時的博彩，流水線般的娛樂休閒，偶爾還能看到明星登臺演出。

如果你想要深沉的回味，墨爾本的文化盛宴也絕不會讓你失望。維多利亞國家藝術館的珍稀藏品，公主劇院裡光彩奪目的音樂劇，當代藝術中心的創意作品，皇家植物園的奇花異草，還有目不暇接的城市畫廊，無不牽引著你的目光，撫慰著你的心靈。

墨爾本是體育盛事的都會，喜愛運動的你不要錯過放鬆自我的機會。第16屆奧運會、澳大利亞網球公開賽、世界游泳錦標賽、一級方程式賽車澳大利亞大獎賽，眾多大型賽事的舉行使墨爾本更顯得生機勃勃。板球、橄欖球、網球、賽車、賽馬，都成為這裡市民酷愛的運動。何不加入歡呼雀躍的人群，去宣洩體育帶給你的活力！

說到一個城市的味道，美食是繞不開的話題。來到墨爾本，如果不放開胃口，遍嘗各國美食，那將留下莫大的遺憾。唐人街形形色色的華人餐館，卡爾頓區經典的義大利餐飲，費茲羅伊區精緻的西班牙餐前小吃，里奇蒙區經濟實惠的越南菜，聯邦廣場的餐廳、咖啡屋、小酒館，還有極富浪漫風情的電車餐廳，彙聚成墨爾本多元的美食文化，相信會讓每一位遊客流連忘返。

購物、酒吧、狂歡、文化、運動、美食，所有可想像的精采生活在墨爾本無處不見，無怪乎人們說墨爾本是時尚女性的天堂。在這裡，哪怕你什麼也不做，只是漫步在市區的公園裡，也能享受到一種現代都市特有的浪漫。

在市中心的費茲洛公園內，有一間庫克船長的小屋。那是一間名副其實的小屋，簡樸，甚至粗糙，暗褐色的石牆透露出古老的資訊，屋門外的小路旁，庫克船長的紫銅雕像泰然地面向遠方。這看起來再普通不過的景觀，是為了紀念第一位到達澳大利亞的英國人庫克船長而建。

墨爾本就是這樣，不經意間流露出滿滿的情意，當你回首時，發現它已經滿載清輝。

瑞士

低◆調◆奢◆華◆的◆國◆都

如果你渴望玩味旅行的奢華，但又厭惡黃金堆砌的迷醉，那麼瑞士無疑是最佳去處。

Switzerland

🏰 **地理位置**
歐洲

🛏 **天堂名片**
阿爾卑斯山、
手錶

瑞士是世界上最富有的國家之一。這裡聚集了多不可數的億萬富翁，當你開車路過但凡有機場的地方，隨意一瞥就能看到一二十架私人飛機。瑞士的人均年收入高達5萬多美元，平均每兩人擁有一輛汽車，每千人擁有電冰箱六百多台、電視機四百多部。

然而，瑞士人的「富而不奢」早已聞名於世。在瑞士的公路上，很少看到豪華的賓士或林肯轎車，行駛的大多是本田、大眾等普及型轎車，以及一些叫不出名的甲殼蟲汽車。瑞士盛產勞力士、歐米茄、雷達等名牌手錶，但瑞士人手腕上戴的大多是普通手錶，甚至是塑膠的電子錶。

在瑞士，就連蘇黎世、日內瓦、伯恩等國際化都市，都沒有人潮洶湧的喧囂，永遠是一派寧靜閒適的氛圍。每天上午九點，瑞士的城市才慵懶地醒來；

到了晚上十點，城市又歸於平靜。沒有不夜城的紙醉金迷，只有靜靜的月色與甜美的夢境。

瑞士讓每個旅行者感嘆，原來都市的奢華不是鋼筋水泥的叢林、黃金白銀的堆砌、擁擠的街道、灰色的空氣……而是像很多富有的瑞士人一樣，悠閒地住在郊外的小木屋，享受山嶺積雪、茂密叢林、清幽湖水。在瑞士，現代化的追求與桃花源的夢想能夠如此完美地融合。

來到瑞士，你只需帶著一種純淨的心情。在這裡，你可以一擲千金，也可以只是散散步、騎騎車、泡泡溫泉，到著名的阿爾卑斯山登山、滑雪、徒手攀岩，在大自然中享受一次身心放鬆的旅行。

在海拔2000公尺的高原上乘坐特有的齒輪火車；在錯錯落落的房舍間，聽農人爽朗的笑聲；在寂靜的山野裡用相機拍下幾隻害羞的土撥鼠；或者在各具特色的旅遊商店裡，選購瑞士軍刀、巧克力等紀念品。

在瑞士，清晨在林蔭道散步的老伯、在超市中挑選廉價商品的婆婆，也許就是擁有億萬家產的富翁。你不必驚訝，因為這就是瑞士文化的真諦。

瑞士第一城堡——詩隆城堡，飄浮於
日內瓦湖畔，如夢似幻，宛如仙境。

塞席爾群島

純·淨·與·奢·華·並·存·的·世·外·桃·源

要多純淨有多純淨！——這是塞席爾的廣告詞。許多廣告詞都有虛假的成分，但這句沒有。同樣是藍天白雲、碧海椰風，在塞席爾，一切都發揮到了極致。

Seychelles

🏛 **地理位置**
非洲

📇 **天堂名片**
最純淨的海
水、海椰子

十多年前曾轟動一時的電影《侏羅紀公園》講述了在一座孤懸海外的小島上，科學家們復活了體型龐大的史前生物——恐龍。由於一場意外的事故，這裡成為了恐龍的樂園、人類的死地。影片的情節可能並不出奇，但那些來自侏羅紀的昔日霸主和那座神奇而原始的島嶼共同構成了震撼人心的視覺效果，讓大導演史蒂芬史匹柏捧回了多項奧斯卡大獎。片中那座神奇的小島就是塞席爾群島的一部分。

塞席爾群島在赤道向南5度的地方，第一大島是馬埃島。馬埃島的東北角是塞席爾的首都維多利亞，也是塞席爾唯一可以稱為城市的地方。即使經過數百年前的殖民時代的洗禮，殖民者們能夠在這裡留下的印記仍然很少。100多座島嶼中的絕大多數只存在於人們的視野之

中，並無人踏足。

沒有高樓大廈，沒有霓虹閃爍，塞席爾擁有的，只是海中100多種珊瑚和900多種魚類，只是島上大大小小70多個海灘，只是從侏羅紀開始留存的奇異豐富的動植物王國……

島上的植物皆以恐龍的尺度為座標繁衍，在絲毫不受束縛的自然力的作用下近乎放肆地生長著。看著哈密瓜大小的松塔，一尺多寬的無憂草的葉子，文明世界的座標被暫態顛覆，人們只有建立起新的尺度體系，才不會產生自己被縮小了的驚疑。

笛沃什島在馬埃島西南230公里的地方。人們來到島上，除了釣魚、潛水、看太陽在海面上升起下沉，或者在島上唯一的一條小路上騎自行車閒逛外，根本沒有什麼其他的娛樂活動。不過，你還需要什麼其他的活動嗎？在島上，找個陰涼的地方躺上一整天，運氣好的話還可以和路過身邊的象龜交流一下養生心得。畢竟這個島最初的居民並非人類，而是這些從恐龍時代存活下來的古老生物。

象龜身材龐大而又長壽，據說在塞席爾，有條件的家庭在孩子出生之時會同時養育一隻象龜，以求能將象龜的長

塞席爾群島最奢華的沐浴，它的價值與其說是舒適，不如說是排場。

海椰樹的果實成熟期為七年，從前塞席爾五個島上都有生長，但後來三個島上已絕跡，使海椰果顯得尤其珍貴，被塞席爾政府以法律形式規定為「國寶」。

壽帶給孩子。塞席爾人尊重象龜如同家人，就連塞席爾發行的貨幣上也有它的身影。

　　拉迪格島在塞席爾群島裡排行第四，是世界上最常被人拍照的海島之一。小島上禁止機動車通行，唯一的交通工具就是自行車。當然，你也可以選擇最富有當地特色的交通工具——牛車。拉迪格島固執地保留著人類剛發現它時的樣貌，時光在此雖未停滯，但行進得特別緩慢。

　　作為世界上被拍攝次數最多的海島之一，除了奇特的岩石和海灘，這裡還有為塞席爾帶來伊甸園之稱的「海椰子」。海椰子是塞席爾獨有的一種椰子樹。它的果實比普通的椰果大得多，每個都有十幾公斤重。海椰子分雌雄兩種，果實是墨綠色，掛在樹上，遠遠望去，無論是形狀還是大小都容易使人聯想到人類的身體，雄椰子樹的果實呈長棒形，而雌椰子樹的果實呈骨盆形。

　　據說第一批英國殖民者踏上塞席爾的土地，看到海椰子的果實時，堅信這種果實就是夏娃用來誘惑亞當的那種智慧果，而塞席爾，自然就是《聖經》裡記載的伊甸園了。

　　塞席爾人對海椰子能在自己的國家生長極為自豪，塞席爾的入境證明上蓋的戳就是一個海椰子的圖形。而更加

有趣的是，在塞席爾，衛生間的標誌圖形不是通常的男女人形，而是海椰子的雌雄果實，簡單明瞭，絕不會使人弄錯。

塞席爾備受歐美遊客，尤其是億萬富豪和大牌明星的青睞。這裡有富比士「世界最貴酒店」排行榜的第二名和第三名，這裡別墅區的日租價是3000多美元。塞席爾和所有的人間天堂、世外桃源一樣，用金錢做門檻來保持它「未受汙染的原始自然景色」。在這裡，人們找到逃亡之地，用金錢換回安寧與清新。

塞席爾是另一個世界，是由我們夢想中最為純淨的天空和海灘組成的另一個世界。人們漫步其中，卻沒有一般旅遊勝地的喧嘩與吵鬧。遊客們散布在不同的小島上，面對的不是其他遊客和無休止的商販叫賣聲，而是偶爾掠過天空的海鷗，就連海浪拍打沙灘的聲音都是輕輕柔柔的。在夕陽的映襯下，和象龜一起漫步在海椰子樹下，這是每個人心中的夢想，不是嗎？

塞席爾的海灘被國際旅遊雜誌評選為「全球最美麗的海灘」。赤腳踩在細膩溫熱的白沙上，絕對是一種頂級享受。

拉斯維加斯

紙·醉·金·迷·的·娛·樂·之·都

如果你喜歡賭博，你會喜歡拉斯維加斯；如果你不喜歡賭博，你還是會喜歡拉斯維加斯。從人們在這荒漠中的加油站擲骰子打賭以來，這片曾經的不毛之地如今已經發展成集旅遊、休閒、購物、表演、展覽於一體的世界級娛樂城。

在一片荒漠中穿行良久，在夜色漸濃的時候，眼前的荒漠山谷正中突然出現一座巨大的寶石般的城市，五顏六色的各種霓虹燈明滅閃爍，如同童話故事中的夢幻王國，又好像沙漠中誘惑旅人的海市蜃樓。在這座夢幻城市中有夜夜狂歡的超級巨星秀場表演、令人腎上腺素激增的拳王冠軍爭霸賽、紙醉金迷的賭場……這就是拉斯維加斯，它的存在與魅力已遠遠超

拉斯維加斯的每一個酒店大廳都是賭城。無論白天還是黑夜，這裡永遠都是人聲鼎沸，每天都上演著有人得意有人失意的一幕。光怪陸離的拉斯維加斯精神在這裡得到了充分的體現。

 拉斯維加斯的魅力在於夜晚，夜越深越迷人。在璀璨而迷離的燈光下，整座賭城顯得風情萬種，妖媚迷人。而在華美的外衣下，是金錢和欲望的湧動，稍有不慎，便會陷入萬劫不復的深淵。

Las Vegas

🏨 地理位置
美洲 美國

🚗 天堂名片
超豪華大酒店

出人們的想像。

拉斯維加斯市區呈長條形，中心是一條長達8000公尺縱貫南北的拉斯維加斯大道。城南是機場，北面是老城區。老城區中有一個耗資6000萬美元的「燈光秀」場，整片街區被成千上萬盞燈組成的穹頂覆蓋，通過雷射技術，隨著音樂變化出各種圖案和文字。而拉斯維加斯最重要的地標式建築——幾十座豪華大酒店和大型賭場則像宮殿般布滿大道兩側，這裡的建築物簡直可以用「夢幻」兩個字來形容。

這裡的酒店幾乎都是巨無霸般的超大型酒店。擁有2500多間客房的金字塔大酒店以天藍色的金字塔形作為建築主題，同時按比例建造了一座獅身人面像。酒店內的布置與裝修風格也是完全的古埃及風情，連穿梭其間的酒店員工也是一身古埃及裝束，令人仿佛回到了遙遠的古埃及法老時代。而擁有4000間客房的亞瑟王之劍酒店則是一座童話故事中的古城堡。城堡大門的吊橋上有

傳送帶，兩旁是步行道。城堡的大廳是典型歐洲中世紀
風格的裝飾，騎馬仗劍的騎士與豪華的馬車旁堆滿了沉
重的兵器。白色的城牆與吊橋之間是一座座金黃、墨綠
和寶藍等各種顏色的尖頂，在燈光的輝映下閃閃爍爍，
給人一種神奇的夢幻感覺。

　　拉斯維加斯大道北側的紐約客則是另一種現實風格
的夢幻，帝國大廈、海關大樓、自由女神、布魯克林大
橋……12座紐約城的標誌性建築物被建築師巧妙地糅合
濃縮在一起。清晨日出時分，金色的陽光灑在紐約客的
城市建築上，讓人仿佛橫跨紐約，置身在東河上仰望曼
哈頓摩天大樓的清晨日出。

　　威尼斯酒店挑高的穹頂借助燈光技術，讓人感覺
上面真正「飄動」著朵朵白雲，整個室內寬敞得如
同真正的戶外。兩邊是裝飾精美的商店，中間有一

拉斯維加斯的豪華賭場讓
人蠢蠢欲動；充滿創意的廣告和
五光十色的霓虹燈交織成的奇幻
景象，則使人浮想聯翩。

條人工運河，船工穿著清一色的義大利民族服裝，高唱著詠嘆調。有興致的遊客只需花上一點錢，便可享受這頗具異域情調的水上服務。運河盡頭是酒店餐廳，在那裡，人們一邊享受美食、陽光、藍天，一邊欣賞樂隊演奏的高雅音樂與伴唱。

擁有5000餘間高級客房的米高梅酒店被翠綠色的祖母綠玻璃籠罩，宛如富麗堂皇的宮殿，號稱「世界上最貴的酒店」。酒店大門口蹲著一隻巨大的金黃色獅子，是米高梅公司影業雄獅的老招牌。飯店主樓是一座十字架形的玻璃建築，一進入大門，就能看到採自義大利的大理石襯托著各種光怪陸離的裝飾，耀眼奪目，極盡奢華。29個客服中心隨時為客人提供服務。在這裡，最小的套房面積為260平方公尺，最大的面積超過800平方公尺，5000美元一晚的房價僅僅是這裡的起價，而最豪華的房間每晚光房費就高達1.5萬美元。在米高梅酒店內彙集著全球著名的影視明星，經常有音樂歌舞和戲劇表演，酒店的娛樂場裡還有壯觀的音樂劇和一流的紐約Disco，讓所有的客人都載歌載舞、紙醉金迷直到天亮。

拉斯維加斯最負盛名的是它的賭場，在紙醉金迷的環境中將運氣傾注在方寸之間的賭桌上，體會心臟猛烈跳動的快感。在這裡，人們追求的是一種瘋狂似的享樂，而遍布全城大大小小的賭場正是將這種瘋狂與奢靡體現出來的工具。自從1930年內華達州宣布賭博合法化，70餘年的時間使拉斯維加斯從偏僻荒蕪的沙漠變成一座金錢堆砌的城市，大小賭場鱗次櫛比。同那些豪華的大酒店一樣，這裡的賭場也是各具特色，宛如一座座主題公園。當然，那些巨無霸似的大酒店本身就是身兼酒店與賭場雙重身分。

曼德勒灣賭場的建築裝飾是原汁原味的東南亞風格，各種菩薩雕像遍布其中，讓人仿佛置身緬甸的叢林中。賭場取名「曼德勒灣」是因為當年英國人曾在那裡淘金探險，從側面顯示出這家賭場的英國背景。曼德勒灣賭場位置比較偏僻，卻擁有拉斯維加斯唯一的人造海灘，吸引了無數從賭場出來的遊客在這裡休閒放鬆。

巴黎賭場的大門是形象逼真、高大雄偉的凱旋門，進門是寬大的大廳，偌大的天花板像是張開的湛藍天幕，飄著朵朵白雲。賭場中有一條條仿照巴黎修建的街道，服務員身穿古法式服裝穿梭其中，營造法國情調，兩旁的店鋪自然也全都是法國名店。穿過賭場有一座模擬的艾菲爾鐵塔，高度為原塔的1/2，大約有50層樓高。在鐵塔頂上極目遠望，整個拉斯維加斯城盡收眼底。

海市蜃樓賭場的正面布置得像一個仙人島，流泉飛瀑，怪石嵯峨，有許多高大的棕櫚樹、鐵樹等熱帶植物，甚至還有一處迷你動物園，裡面有白獅等珍稀動物。臨街處巨大的水池中堆砌著一座20公尺高的假山，流水從山頂平臺上傾瀉而下，在燈光的照耀下形成一條美麗無比的瀑布。最奇妙的是，每隔15分鐘瀑布上方的山頂平台都會有「火山」噴發，岩漿直衝夜空，然後如落英繽紛，順瀑布而下，使整個水面都「燃燒」起來。

金銀島賭場按照著名小說家史蒂文

生的小說《金銀島》中的場景布置。賭場大門前有一處人造大海，遊客需要踩著橫在水上的登船踏板進入賭場。一邊是古代的三桅海盜船，另一邊則是不列顛皇家海軍的軍艦，而遠處的小島則是著名的金銀島，島上的海灘上散落著海盜搶劫來的財寶。在這裡，海盜船和軍艦還會表演一場「真正」的海戰，耳邊隆隆的炮聲、眼前火光沖天、硝煙彌漫，海盜們紛紛從桅杆折斷的船上跳水逃生……

拉斯維加斯的賭場內永遠是寬敞的大廳，在燈光的照映下如同白晝。樓上的高級客房專門接待那些來一擲千金的豪客，樓下的大廳內則遍布二十一點、擲骰子、轉輪盤這些大眾化的賭博方式，當然還少不了各種各樣的吃角子老虎機。成百上千台的老虎機排成一個個長陣，機器上為招攬客人的彩燈此起彼伏閃個不停。周圍人聲喧囂，嘆息與歡叫聲不絕於耳，刺激著每一個來到這裡的遊客。

在拉斯維加斯，幾乎各種場所一到夜晚都有盛大的舞藝表演。為了招攬遊客，一些酒店也自行製作並聘請世界各地的名家們表演歌舞、魔術、脫口秀等節目，即便是瑪丹娜、小甜甜布蘭妮這樣的大明星開全球巡迴演唱會，拉斯維加斯也必定是其中的一場。而拳王爭霸賽與NBA的全明星賽也會選擇在拉斯維加斯舉行，世界各地的人們在觀看比賽的同時也認識了這座位於內華達州沙漠深處的夢幻城市。這裡似乎是通宵達旦狂歡的地方，這裡有永遠不眠不休的酒店燈光，其富麗豪華，不身臨其境實在無法想像。

金銀島酒店於1993年開業，擁有2885間客房。酒店最初興建的目的是為了吸引一些帶小孩的家庭旅客，因此在賭場正門前設有以海盜為主題的大型電玩供小孩玩耍。2003年，酒店進行形象改革，捨棄了部分昔日的海盜主題，但門前的海盜大戰秀仍然保留了下來。為了占有年輕成年人的市場，現在的海盜大戰秀還加入了大量的歌舞表演以及美女演員。

長島
全·球·富·豪·的·夢·想·地

如果你想體驗一種屬於世界頂尖的生活，那麼一定要去長島看看，因為在這片世界級的黃金海岸居住生活，本身就是一種代表頂尖生活品位的證明。

Long Island

🏛 **地理位置**
美洲 美國

📷 **天堂名片**
白色沙灘、
千萬豪宅

美國有一部經典的情景喜劇《大家都愛雷蒙》（Everybody Loves Raymond）。劇中的主人公雷蒙一家就住在紐約東部的長島。碧海藍天下是炫目的白色沙灘，海邊錯落著價值千萬美元的豪宅，一切都如同天堂一般完美。

長島位於美國東海岸，是一個三面環海的半島。150年前，這片美麗的土地上居住著一個古老的印第安部落，現在這裡則成為了紐約華爾街精英們的度假勝地。在半島之上，人們可以遠眺遠處紐約中央公園的綠樹成蔭、春華秋實，以及沿岸奢華的水岸豪宅。在全美十大豪宅中，排名第三的就是美國的長島豪宅。世界各國的達官貴人都鍾情於此，包括羅斯福、甘迺迪家族等歷任美國總統第一家族都曾在這裡居住。中國近代的權貴世家宋美齡、從華爾街起家的摩根家族、以銅礦起家的古根漢姆家族，

以及其他許多好萊塢大明星等上層人物，都選擇長島作為他們在美國的第一居所。

在這裡居住是美國人嚮往自然、注重健康的生活理念的完美體現。藍天白雲，水波瀲瀲，長島之上隨處可見的是高級別的高爾夫球場、綠草如茵的網球場、洋溢著田園情調的各色別墅、盛滿葡萄酒的地窖和種植著各種珍稀樹木的大花園……由於靠近曼哈頓地區，再加上享有「度假勝地」的美名，長島東海岸總是能吸引大量的作家、模特兒或商業奇才。而長島西海岸豐富的夜生活，極盡奢華的海灘和建築也別有一番風味。

長島和在它近旁咫尺之遙的紐約，一個像是清新的海風一般，清朗到讓人心曠神怡；一個是紙醉金迷、燈紅酒綠，讓人迷失自我的世界大都會。兩者結合之後，誕生了20世紀美利堅成功與富有的代名詞。作為美國夢的終點，它那無法用語言描述的現代繁華都市與自由寧靜的海灘豪宅，已深深烙印在每一個嚮往美國，嚮往長島的人們心中。因為在他們心中，長島作為一種世界頂級奢華生活的象徵，向人們詮釋的是一種永恆的境界。

在長島擁有一座帶有私家花園的豪宅是無數人的終極夢想。

汶萊

富·有·安·樂·的·和·平·之·邦

金碧輝煌的皇家建築，溫文爾雅的伊斯蘭國民，富庶而閒適的百姓生活……這就是汶萊，一個受到阿拉庇護的奇蹟，一個21世紀真實的天方夜譚。

Brunei

🏛 地理位置
亞洲

👑 天堂名片
清真寺、
水上村落

汶萊，全稱汶萊達魯薩蘭國，即「和平之邦」的意思。它嵌在加里曼丹島北部，北臨南中國海，僅5765平方公里的土地還被馬來西亞隔成了東西兩部分。袖珍之國汶萊以豐富的石油和天然氣資源成為世界上最富有的國家之一，有「亞洲首富之邦」的美譽。有人說：「在汶萊，石油比可樂還便宜。」

到了汶萊你才知道什麼叫富裕。這個人口僅39萬的小國人均年收入竟然高達3萬多美元，從而為它贏得了「東方科威特」的美稱。在這裡，最多的建築是清真寺。金碧輝煌的大清真寺與紅瓦尖頂的小禱告堂交相輝映，代替了現代大都市中林立的摩天大廈。

來到汶萊，一定要感受一下什麼是真正的富庶。那麼，汶萊蘇丹居住的皇宮——努魯·伊曼皇宮就是最好的選擇。這座金色的宮殿是東南亞一道耀眼的金線，共有1700多個房間，僅宴會廳就能容納4000位客人。皇宮內還設有游泳池、網球場、馬球場、直升飛機場和一個巨大的御花園。用大理石鋪就的停車庫裡可同時停放800輛汽車，就連馬廄裡都裝有空調。據說皇宮裡所有的陳設都鍍有金箔，連地毯上也織著金線，這才是

🎞 賽福鼎清真寺是汶萊首都斯里巴加灣市的象徵。它富麗堂皇、用料考究，盡顯雍容華貴。

54

真正的金碧輝煌。除了皇宮,賽福鼎清真寺也值得一看。該寺建於1958年,是以汶萊前任蘇丹奧馬爾·阿里·賽福鼎的名字命名的。這座清真寺靜靜地佇立在汶萊河畔,背靠一灣碧水,顯得格外雄偉靈動。清真寺上面的圓頂都是純金製作的,被當地人戲稱為「金蔥頭」。

在汶萊,如果你覺得太寧靜了,那麼可以到水上村落去走一走,這裡的生活充滿了樂趣。興高采烈放風箏的孩子,操持家務的婦女,儼然一派悠閒生活的景象。水上村落在500多年前就被義大利史學家安東尼譽為「東方威尼斯」。在這裡,可以搭乘一種叫做「水上的士」的小快艇在水道間穿梭,自由地體味富有文化色彩和極具歷史感的水上人家的生活。擁有幾百年歷史的水上城市坎旁阿亞依然保留著昔日的風貌,各種水上房屋遍布汶萊河的兩岸。水村還有學校、診所、警察局及教堂等相關公共設施,這種現代與傳統結合的生活,很有情趣,難怪有「汶萊人寧願『水上漂』,也不願『陸上居』」之說。

水村綿延相連的房舍,都是由石柱支撐、木板蓋成的建築,外面看似破舊,屋內卻別有洞天。水上人家的屋外都擺滿各色鮮花,屋內極為寬敞,陳設豪華。踩在厚而綿軟的地毯上,似乎已經忘記了腳下就是河水。

杜拜
沙◆漠◆中◆的◆奢◆華◆之◆城

提起杜拜，無論是去過還是沒去過的人，都會用一個詞來形容它，那就是「奢華」。如果不是花草下面還有沙子，你絕對不會相信，這是一座建造在沙漠之中的奇蹟之城。

Dubai

🏛 地理位置
亞洲 阿拉伯聯
合酋長國

🚢 天堂名片
帆船酒店、黃
沙堆砌的古堡

阿拉伯聯合酋長國位於阿拉伯半島東部的波斯灣南岸，由七個酋長國組成。杜拜是七個酋長國之一，也是阿拉伯國家中最自由的貿易城市。杜拜同

🎞 杜拜的帆船酒店共56層，是全球最高的飯店，相當於法國艾菲爾鐵塔的高度。因為極度豪華，它被世界媒體譽為「全球唯一的七星級酒店」。遠遠看去，帆船酒店宛如一艘碩大而精美絕倫的帆船，倒映在蔚藍的海水中。

七星級酒店內部的裝潢和陳設極為豪華，令許多遊客瞠目結舌。

世界上其他城市相比具有兩個獨特之處：一是這裡景色具有明顯的差異性，一半是海水一半是沙漠；另一個獨特之處當然就是富有，用「富可敵國」來形容都顯得蒼白無力。

　　杜拜從一個昔日的小漁村、一個打撈珍珠的小碼頭，進而發展成為今天中東最繁華、最開放的城市。有人說它是一個用金錢堆砌出來的城市，鱗次櫛比的摩天大樓、奢華的七星級酒店，讓人不禁產生身在紐約的錯覺。同時，傳統和現代在這裡交相輝映，令人嘆為觀止的「阿拉伯矽谷」背後，是一個個頭戴面紗的女人，是一條條年代久遠的購物街和無數座清真寺。

　　來到杜拜，首先要去看看這裡的標誌—阿拉伯塔，即帆船酒店，世界上唯一的一座七星級酒店。它遠離杜拜城中其他爭奇鬥豔的建築群，孤傲地矗立在距朱美拉300公尺的人工島上。阿拉伯塔最初的創意是杜拜王儲阿勒馬克圖姆提出的，他夢想給杜拜一個類似雪梨歌劇院、艾菲爾鐵塔式的地標。融合全世界上百名設計師的精彩創意，歷經五年的時間，終於在杜拜締造出一個夢幻般的建築—阿拉伯塔。它將濃烈的伊斯蘭風格、極盡奢華的裝飾與高科技建築手段完美地結合到了一起。

　　帆船酒店是杜拜極盡奢華的象徵，全部202間套房中最低的房價也要每晚900美元，25層的皇家套房則需

57

要1.8萬美元一晚。來到這裡,才知道什麼是真正的金碧輝煌。走進酒店,就像走進了阿拉丁的洞穴,只能用「滿目皆金」來形容,因為在這裡,連門把手、廁所的水管,甚至是一張便條都「貼」滿黃金。

在沙漠裡,水就象徵著財富。阿拉伯塔就在炎熱的沙漠中締造了水的奇觀。在這裡,搭乘電梯就可以欣賞到高達十幾公尺的水族箱,還可以坐著潛水艇觀賞斑斕奪目的熱帶魚。逛累了就坐在舒適的餐廳裡,環顧四周由珊瑚、海魚構成的流動風景,吃一頓愜意的晚餐。在阿拉伯海灣上空200公尺的酒店餐廳裡,環視天空與海灣,盡情品味地中海的享樂極限。

說到杜拜,沙漠當然也是不可錯過的風景。騎上駱駝舉目遠眺,紅彤彤的夕陽掛在遙遠的天際,餘暉揮灑在無垠的沙漠上,滿眼嫻靜柔和的光芒。遠處連綿起伏的沙丘,無止無境。這情形,讓人情不自禁地吟起「大漠孤煙直,長河落日圓」的優美詩句。

當夜幕拉開的時候,阿拉伯的狂歡夜開始了:隨著驟然響起的阿拉伯音樂,欣賞披著黑色輕紗的妖嬈舞娘曼妙的舞姿,讓舞池之外的你也耐不住寂寞,和著音樂跳起舞來,完全沉醉在這迷人的夜色之中。在杜拜,還有一個絕佳的去處,那就是一座黃沙堆砌的古堡。古堡蜿蜒曲折的長廊,地上花紋斑斕的突尼斯地毯,厚重古樸的木門,門旁半遮半掩的絲絨門簾。當用鑰匙打開門的瞬間,我們似乎穿越了歷史,儼然變成了童話中古城堡的主人。

在夜色中打開窗,一輪明月遙掛蒼穹。映著酒店的燈光,遠處是茫茫的夜色和黃色沙漠,近處則是可口的美食、醇香的紅酒、柔和的音樂,還有人們爽朗的笑聲。晚上還可以跳入海中盡情享受,沙漠綠洲中的這一片天藍,顯得如此別致。

作為阿拉伯國家,杜拜融合了中西方 不同的文化,也兼收並蓄了各種生活方式。外國人在杜拜擁有宗教信仰自

由。經常會看見這樣的場景，在現代化的辦公大樓裡，身著阿拉伯服飾的當地人和西裝革履的外國人和諧相處，顯示了杜拜作為國際化都市的無窮魅力。

　　如果世界上有個地方值得一去，那一定就是杜拜；如果世界上有個地方可以讓你充分享受沙漠的氣息，那一定是在杜拜；如果世界上有個地方能夠聞到誘人的海浪的味道，那一定還是在杜拜。在杜拜傳統的集市中，買一盞銀製的阿拉丁神燈或者駱駝風鈴，讓自己回到神話之中，抒寫一段奇異之旅的迷人樂章。

　　🎞 杜拜的高爾夫球場是全球唯一一個建在沙漠中的球場，堪稱一個神話。一個高爾夫球場被綿延的沙漠緊緊包圍著，仿佛是金色沙海中的一片綠洲，這種景象真是蔚為奇觀！

斐濟

現·代·魯·賓·遜·的·奢·享·天·堂

彩色的海洋風光，獨享的異域島嶼，原始的部落風情——恍如漂流在童話世界裡的斐濟，造就了世界上無與倫比的奢享天堂。

The Republic of the Fiji Islands

🏛 **地理位置**
大洋洲

🐟 **天堂名片**
彩色海洋、
原始部落風情

英國小說家狄佛的《魯賓遜漂流記》，仿佛為現代人的心中注入了某種「荒島情結」。本世紀熱映的電影《浩劫重生》中，湯姆·漢克斯的荒島生活再一次給人們以極大的誘惑。假如你認為小說和影片中的荒島是憑空虛構的，那就錯了，在西南太平洋上，一座美麗而天然的海島正等待你去上演「現代版」的魯賓遜奇遇。

轉動地球儀，在東西180°經線附近，你會看見一片「倒U形」的小小群島，那就是神奇的斐濟。躺在國際換日線上，斐濟又被稱為「曙光之島」，這裡最早迎接日出，這裡的人們得意地說：「斐濟每一天的陽光都是最新的。」

斐濟人最為驕傲的是五個「S」——SEA（大海）、SUN（陽光）、SAND（沙灘）、SURF（衝浪），還有SMILE（微笑）。332個未經汙染的小島，連綿不斷的軟珊瑚風光，純天然的山川、溪流、高地，還有仿佛與世隔絕的保存完好的傳統部落文化，構成了斐濟原始而純淨的魅力。

在人們的印象中，大海是蔚藍色的，可是斐濟的海水卻是彩色的。五顏六色的珊瑚礁、奇形怪狀的海底石頭，還有色彩斑斕的海魚，在陽光的照耀下將大海折射成奇特的彩色，營造出一個目眩神迷的世界。

斐濟的332個島嶼中，只有100多個島嶼有居民居住。很多島嶼成為只屬於一個家庭的私人度假島嶼。許多小島上只有一座酒店、幾間客房，沒有商店、汽車和其他遊人，也幾乎聽不到任何噪音，遊客盡可以在這裡奢侈地享受屬於自己的「純度假」時光。

斐濟風景秀美，人口稀少，因而成為歐美名流的度假勝地。比爾·蓋茲、瑪丹娜、布蘭妮、席琳·狄翁等都曾光顧這裡，很多電影也在這裡取景拍攝。據說，斐濟的瓦卡亞島就是比爾·蓋茲與妻子蜜月之旅的終點。瓦卡亞島一次只接待20名遊客，島上有9間木屋，四周環繞

著熱帶風情的花園、寬敞的陽台，還有一片只屬於一個人的海灘。除此之外，島上還有一幢面積達一萬多平方英尺的豪華別墅，配備私人司機、管家與廚師。在這個私人度假海島上，潛水、航海、衝浪、高爾夫、保齡球等高品質的活動，讓人充分享受在藍天碧海中酣暢淋漓的快感。濃綠成蔭的高高的椰林、清涼的海風，處處充滿熱帶海島的原始美感。在這裡度過一次新婚蜜月，應該是最奢華不過的事了吧！

除了迷人的海島風光，斐濟還保留著原始的民俗風情。這裡的島民，無論男女老少，都是頭戴鮮花、穿著美麗的裙子。鮮花戴在左邊表示未婚，戴在兩邊表示已婚。裙子在斐濟人的語言裡稱為「SOLO」。街上的男人無一不穿著SOLO，就連當地執法的員警都穿著SOLO執行公務，不能不說是一道奇特的風景。

斐濟人非常好客。當你來到斐濟，一走出機場，就會有穿著綠色花襯衫、藍色花裙子的斐濟小夥子微笑著向你走來，一邊為你戴上貝殼和鮮花串成的項鍊，一邊熱情地說：「布拉，布拉！（你好）」

斐濟人能歌善舞，在島

只有在斐濟，你才能深刻體味到一種「返璞歸真、回歸自然、天人合一」的美妙感受。

Paradise on Earth

Chapter 02

上，你常常能聽到高亢奔放的歌聲，看到熱情洋溢的火把舞。那種熱帶島國特有的逍遙情調，仿佛一下子就把你的煩惱融化，讓你沉浸在無邊無際的單純的歡樂中。

在斐濟的首都蘇瓦港及其他主要島嶼的海岸地區擁有各種現代化的酒店與餐館，海邊的沙灘上可以看到世界各地前來旅遊度假的人們。而在城市之外的村莊中，斐濟人仍舊保持著各種獨特而神秘的風俗。現任斐濟總統約瑟法·伊洛伊洛來自維塞塞村，該村也因此被稱為「斐濟第一村」。

在斐濟村莊裡有個特殊的規矩，那就是一般人不能戴帽子，也不能隨意摸別人的頭（包括小孩子）。因為只有村長才有戴帽子的特權；而摸別人的頭，是對他人最大的羞辱，若在100多年前可能還會引來殺身之禍。據說曾有一名英國傳教士因從當地酋長的頭上拿下一把梳子，結果被憤怒的土人活活砍殺並煮食。當然，現在的斐濟人早已經完全跨入現代文明，但不摸別人頭的特殊習俗卻依舊保留下來，成為斐濟村莊的一大特色。此外，將深海中的魚群呼喚到淺海來捕捉的神奇頌唱儀式、傳統的走火儀式等，都是斐濟至今仍未消逝的傳統習俗，帶有濃郁的異國風情。

原始的自然人文景觀，獨享的度假海島生活，讓你在斐濟既能體會魯賓遜漂流般的奇遇，又能享受世界上無與倫比的奢華體驗。無論是世界名人的私密假日，還是明星富豪的忙中偷閒；無論是新婚夫婦的奢華蜜月，還是全家人一個精心準備的夏季之旅，斐濟都會成為天堂般的樂園。在斐濟度假的遊客，往往行李簡單，裝束隨意，在空曠的海島上扛著整箱的啤酒，紮起帳篷，在彩色的大海邊欣賞天邊的晚霞，神仙般的生活也不過如此。

海曼島

隱·秘·的·終·極·度·假·天·堂

你 可能富有，但不一定擁有奢華；你可能擁有奢華，但不一定達到極致；你可能達到極致，但不一定能夠獨享。而將這一切都能滿足的，只有世界上獨一無二的海曼島。

Hayman Island

🏯 **地理位置**
大洋洲 澳大利亞

🎴 **天堂名片**
紅珊瑚、「看不見的服務」

📽 海曼島約有500名服務人員，但他們大多數時間都是在地道裡工作的。因此，當你踏上海曼島的時候，那裡仿佛是屬於你一個人的，隔離了塵世的一切喧囂和煩惱。

潔白的雲朵襯著淡藍的天空，與天同色的海水清澈見底，花團錦簇似的紅珊瑚，形態各異的水下環礁，色彩斑斕的魚群快樂地遊弋。還有全球頂尖的奢華住宿環境，體貼入微的私人服務，令人欲罷不能的可口美食，可以融化身心的陽光和海風。

世上真的有這樣一處無與倫比的所在，當你踏足它的那一刻，它就完完全全地屬於你一個人。這聽來玄妙不可思議的地方，就是海曼島。

海曼島，位於有著「世界七大自然奇觀」之稱的大堡礁礁群之中，是600餘座美麗的珊瑚島嶼中的一個。它是澳大利亞政府劃定的國家公園、重點的鳥類保護區，最重要的——它是世界最「終極」的度假海島。

海曼島之所以「終極」，是因為它有你不曾想到的一大特色：隱秘的服務。登上這座迷人的島嶼，你會忽然發現，在享受周到的服務的同時，你的身邊竟沒有一位服務人員！也就是說：你在一個人獨享整座島嶼！

原來，為了打造海曼島獨一無二的奢華特色，經營者特意在島嶼的地下開掘出一條可覆蓋整個島嶼、長達

1600公尺的地下通道。全島500餘名工作人員全部在地下通道內默默地為客人提供周到服務，客人卻很難看到他們的身影。每當客人們通過預設好的管道提出自己的需求，工作人員便在地下通道內迅速地運作起來。這一系列服務是快捷而高效的。

於是，當你徜徉在岸邊想要出海巡景，岸邊便早已靜靜地為你停好了一艘豪華的遊艇；當你愜意地躺在長椅享受陽光與海風，旁邊的桌上已悄然放好了一杯沁人的冰飲；當你採集了一天的回憶回到住所，早有一桌香噴噴的美味佳餚等你享用。海曼島的經營者如此用心良苦，目的就是要給光顧這裡的遊客提供一個極致的境界：在這屬於你一個人的海曼島上，你想要的一切，都能得到滿足，而且早已為你安排好了。

因神秘而獨享，因獨享而尊貴。海曼島因此成為了世界上頂級成功人士心中的度假天堂。曾經的世界首富比爾·蓋茲曾在此流連，曾獲奧斯卡最佳男主角獎的美國金牌電影演員羅賓·威廉斯也曾在此尋找靈感。

作為一個「神秘」的海島，海曼島沒有可以直達的飛機，人們需要乘坐私人飛機在附近一座小島上的機場降落，然後換乘豪華遊艇才能登上這塊夢幻之地——即便如此，仍不能隔阻成功人士們的腳步。

冰島

透•徹•塵•世•的•冰•火•王•國

如果你厭倦了地球上的任何旅行，可以選擇冰島：冰島中部曾是第一個登月者阿姆斯壯訓練的地方。此外，那裡還有世界上最純淨的空氣和水，以及最好的溫泉。

Iceland

🏔 **地理位置**
歐洲

✉ **天堂名片**
溫泉、居德瀑布

冰島，國如其名，仿佛是造物主在創世百忙之中遺忘在歐洲極西角落裡的一塊碎片，給人一種徹頭徹尾的寒冷、孤寂與距離感。是的，這裡確實不是凡塵，這是一處世外桃源般令人恍然的仙境。

在冰島這個國土面積僅10.3萬平方公里的島國上，冰川便占據了1.1萬多平方公里。放眼望去，很少見到一株樹木，只有漫地的苔蘚在頑強地抵抗著惡劣的自然環境。遠來的旅客駐足其間，不禁會以為自己來到了異於塵世的另一個世界。但冰島之美，便隱藏在了世人如此草率的第一印象的背後。

除去冰冷的外表，冰島有火熱的內心。冰島境內有100多座火山，其中活火山就有20餘座。正是得益於眾多火山的恩賜，冰島是世界上擁有溫泉最多的國家之一。它的首都雷克雅維克，含意便是「冒泡的港灣」。冰島人早已把泡溫泉當做了生活中必不可缺的一個重要組成部分，出生才僅幾個月大的孩子，就會被父母帶著到露天浴場去學習游泳。這些浴場都使用地熱溫泉水，常年溫度保持在29℃左右。

而令當地人至今依然引以為豪的，是冰島的水中竟然完全沒有任何有害的雜質。當人們在浴場裡待得久了，起身上岸，都會自然而然地擰開浴池邊的水龍頭，暢飲一番甘甜清冽的自來水。這可是地道的無汙染礦泉水。因此，如果有機會去冰島泡溫泉，定然是不容錯失這樣的好機會了。

特別需要指出的是，在冰島泡溫泉的花費也並不高。以首都雷克雅維克附近的郎達魯游泳池為例，只需3美元左右就可隨意享受其間的各種設施。更何況，由於冰島的其他公共場所，如商場、餐館和電影院等開放時間都比較短，不及溫泉大多由早7點到晚10點的時間充裕，所以許多冰島人都把溫泉當做聚會的首選場所。無論男女老少，正事抑或閒聊，實可謂其樂融融，一切煩惱與不快都隨著水面的白霧氤氳而煙消雲

散了。

冰島的妙處還不僅限於溫泉。許多在別處司空見慣的場景，你都能在冰島體會到別樣精彩的意境。彩虹是雨後一個很平常的景致，然而冰島絢爛的彩虹卻宛如五彩虹橋一般從地平線的一端橫跨到另一端，完整得好像童話故事一般完美無瑕。再如居德瀑布，一邊是如萬馬奔騰、飛流直下的流水，一邊卻是冰霜凝結成的一堵天然冰牆。如此動人的奇觀，你也只能在冰島才能見到。

冰島人的性格，大約也是受到冰與火在千年歲月的交織中和諧共存的影響，顯得格外隨意與友善。他們並不會刻意遵守約定的時間，也無需為什麼事情事先約會，「隨便坐坐」正是生活在這個島國間的人們世代相承的傳統。只是或多或少因為酷似冰川般孤傲的性格，冰島人雖然好客，卻通常不會從客人的手裡接過作為答謝的小費。這一點，倒是外來的遊客們應該特別注意的。

如果感覺疲憊，就去冰島，泡一泡溫泉，領略世外桃源般透徹明亮的景致，再過上幾天餐餐海鮮的島民生活，暫且忘卻另一個世界裡忙碌的自己吧！

冰島首都雷克雅維克布局均勻，無摩天大廈，居民住房小巧玲瓏，色彩艷麗，宛如童話世界。

尼斯

一·抹·蔚·藍·的·純·淨·世·界

Nice

地理位置
歐洲 法國

天堂名片
蔚藍海岸

如果說巴黎是時尚的代言,國際文化的交融點,那麼,尼斯一帶的法國南部地中海沿岸便是一片大自然賜予的純淨天地了。這裡有著方外世界的味道,地中海的光與影、海岸與天空,造就了尼斯人不凡的藝術氣質。

從尼斯上空俯瞰，隨意錯落的紅頂房顯得極為絢麗奪目。

法國人的度假天堂是地中海海濱的「蔚藍海岸」，地方美，名字也美，是100多年前一位詩人詩集的名字。蔚藍海岸的精華段西起坎城，東至摩納哥賭城蒙地卡羅，而精華中的精華，就是尼斯。和蔚藍海岸上的諸多濱海城市一樣，尼斯背山靠海，阿爾卑斯山的餘脈幾乎延伸到海邊，在阿爾卑斯山和地中海的「天使灣」之間留下一條狹長的地帶，造就了尼斯得天獨厚的地理位置。

尼斯瀕臨地中海，三面環山，一面臨海，有著長達7500公尺的蔚藍海岸線。典型的地中海氣候的特點就是一年四季陽光充沛，天氣晴朗。天海一線，一碧萬頃，風光旖旎，尼斯堪稱「最適合人類居住的城市」。

18世紀開始，這個傳奇海岸日益繁榮，逐漸成為法國貴族的世外桃源。到了19世紀，尼斯成為世界各地名流顯貴趨之若鶩的地方，各國貴族和王室成員也紛紛在這裡定居或興建別墅。沙皇尼古拉一世的遺孀和英國維多利亞女王都曾流連於此。

1824年，在一位英國牧師的宣導下，尼斯修了海邊第一條路，這條臨海小路越修越寬，最後竟然成了尼斯的招牌， 被命名為「英國人便道」。尼斯的繁華，尼斯的風流，尼斯的詩情畫意，皆匯聚於此。一邊是一望無際的大海，一邊是豪華的賓館酒家，雙行道中是花壇和高大的棕櫚樹，走在上面，有清風拂面，有海景養眼，令人心曠神怡。

穿城而過的帕隆河，把尼斯新城和舊城分割開來，河岸上是步行街道和花園。大街兩邊遍布豪華的飯店，人們在這裡盡情享受著冬日溫暖的陽光和美麗的景色。時至今日，在尼斯仍能嗅出昔日王公貴族度假聖地的氣質，繁榮與優雅的豪門情調彌漫在街巷中，市內隨處可見備有室外游泳池的高級豪宅。

今天，尼斯是平民的童話世界，是全歐洲最具魅力的黃金海岸，也是地中海沿岸的浪漫迷霧中最富有盛名的度假城市。每一束燦爛的陽光，每一片悠長的石灘，都令人嚮往，而裸體曬太陽的美女更是將歐洲人的自由與開放的天性盡情展示。尼斯最大的魅力就是可以讓每一個到這裡的人，盡情地放縱自己的心靈。

家家戶戶的陽臺上都裝飾著各種各樣美麗的鮮花，街頭巷尾的房屋仿佛被鮮花淹沒一般。在尼斯這個花團錦簇的世界裡，每一寸時光都如夢如幻。從碧綠的山岡上向下望，是遼闊的、蔚藍色的海岸，岸邊高大的椰樹和橄欖樹的婆娑暗影，馴服了驕陽的光芒，使刺眼的陽光變得柔和而多情。古羅馬帝國時代所遺留的古老街道，讓尼斯更散發出懷古的幽思。每個角落都美得令人炫目。

在這個燦爛的陽光城市裡，總是可以遇見親切和樂的居民們。走過羊腸小徑、舊街，就可以看見一棟棟相連的民舍。建築物外面掛著的剛洗好的衣服隨風搖曳，散發著生活的氣息。人們在這個樂園裡盡情享受閒適的生活狀態，養狗、釣魚、跑步、遊泳……各得其所，各有歡愉。在夏日的午後，或是飽飽地睡上一覺，或是嘗嘗當地居民特有的「索卡餅」，這種生活恐怕是終日在都市裡忙忙碌碌的人們最嚮往的日子。即使什麼都不做，只是安安靜靜地閑坐在街邊的長椅上，盡情享受陽光的輕撫也是一件十分愜意的事情。

尼斯海濱是法國蔚藍海岸線上最亮麗的一段。遊客們漫步於尼斯7500公尺長的海灘，可以盡情享受地中海的和煦陽光。

尼斯每年都有許多盛大的節日，如賽花節、帽子節、五月節等等。而尼斯狂歡節則是其中最具吸引力的一個，甚至可能是世界上狂歡節中最盛大的一個。尼斯狂歡節於每年1月31日到2月17日舉行。屆時滿城飛花，落英繽紛，熱鬧非凡。各種大型遊行、狂歡遊行、掌燈遊行一浪接著一浪；由歐洲娛樂傳媒界的卡通製作專家設計的彩車，由尼斯老字輩狂歡「世家」製作的典雅的花車，爭相走過；樂隊，大型晚會，搖滾及技巧音樂會……所有這一切由狂歡節所煥發出的魔力都在這期間盡情地施展著。直到告解日的晚上，人們將狂歡王的紙像點火焚燒，延續兩周多的歡慶盛典，才伴隨著飛騰的火花和火焰漸漸熄滅。尼斯狂歡節也為遊客提供了一個欣賞「更美的尼斯」的機會。

在藍天、陽光、宜人氣候的擁抱中深深吸入一口地中海沿岸新鮮的空氣，淺嘗尼斯的靜謐，深酌高盧的美景，個中滋味難以言表。

尼斯將鮮明的普羅旺斯風格和深受世界各地名流青睞的生活樂趣，融合在各式各樣的酒店、博物館、花園、噴泉，甚至是街邊的鮮花和棕櫚樹叢間。那裡空闊的海岸更是給愛情提供了無限的想像空間。

英格蘭湖區
華·茲·華·斯·的·情·人

水是山巒和田野的靈魂，潤澤著英格蘭湖區的一切。這裡的山山水水都被湖畔詩人們深情地吟詠過，幾乎可以作為文人、畫家們寫生的絕佳去處了。

Lake District of England

🏛 地理位置
歐洲 英國

📇 天堂名片
夢幻般的湖泊、
古老的石屋

英格蘭湖區的名聲是與詩人華茲華斯緊緊聯結在一起的。200多年前，華茲華斯住在湖區的格拉斯米爾湖邊，他除了在家裡看書寫詩，就是在湖區沒完沒了地散步。他將散步時看到的一切，一朵花，一棵樹，一個鳥巢，一隻小鳥，全都記錄下來，湖區的一草一木在他的筆下成了動人的詩篇，得以聲名遠播，得以流芳百世。

如果說華茲華斯成就了英格蘭湖區，那麼反過來同樣可以說，湖區造就了華茲華斯，因為美麗的詩句來自於美麗的生活。唯有湖區的景致，才能賜予華茲華斯靈感，造就出唯美的詩句。今天，走進湖區，依然能夠看到華茲華斯詩句中的景致。

雖然200多年過去了，外面的世界幾經滄海，但湖區始終是一幅寧靜安然的畫卷，延綿的山巒，整齊的田莊，蔚藍的湖水，清澈的小溪，處處流露著祥和與安寧。水是湖區靈氣的源泉，溫德米爾湖寬廣，格拉斯米爾湖小巧，16面湖水與水邊的景致掩映交輝，透著中國江南水鄉的清秀靈氣。斯科菲峰高聳入雲，山頂積年的白雪在陽光下閃耀著光芒，又顯露出北國風光的巍峨壯麗。湖區的景色就是如此變化萬端，而又彼此巧妙地自然融合。

湖區是最自然的天堂。身處湖區之中，你能夠聽到遠處山谷中潺潺的流水，樹林中婉轉的鳥鳴，林梢

間遊蕩的清風，這一片天籟交織出最動人的自然之音；泛舟湖上，你能夠看到岸邊鬱鬱蔥蔥的樹叢，樹木掩映中閃現出神秘莊嚴的古堡，而優雅的天鵝會在你的舟邊輕輕遊過。當你在湖邊隨處停留，田野小徑會為你帶路，每條路都可以通向一個靜謐的未知世界。遠處村莊裡，炊煙夾著木柴味乘著微風飄來，淳樸的鄉民與可愛的牧羊犬相依而笑，守護著他們健康的羊群。

甚至華茲華斯的故居，也依然留存著當年的氣息。細膩的瓷器，詩人的手稿、書桌，居所外白色的長椅，在陽光燦爛的午後，依然閃著舊日的光芒，仿佛華茲華斯依然在湖畔散步，隨時會回到這裡，坐下來記錄今日的收穫，再寫出不朽的詩篇。

湖區周圍掩映在綠樹中的小旅館也都洋溢著人文

高遠的藍天、青蔥的樹木、安靜的湖泊、薄紗般的水霧，想必這就是人間仙境吧！

的氣息，餐廳中擺放著維多利亞時代的瓷器，床頭的書櫃中擺著各種文學名著。白天領略了湖區的山光水色，晚上縮進這小小而溫暖的旅館，從架子上抽出一本詩集，細細品讀，度過一個遠離塵世喧囂的夜晚，這也許是許多人夢想中的生活。

是的，這裡的時間幾乎是停滯的。外邊的世界飛速地發展，湖區依然保存著200多年前的風貌。任由附近興起座座工業化的大城市，任由缺乏個性的水泥房屋在不遠處面無表情地聳起，湖區依然是恬淡安寧的小鎮，即便有一些現代的設施，也全都依附在自然之中，絲毫不敢驚動這座在時間長河中堅持自我的小鎮。在日益城市化的今天，湖區內座座平凡無奇卻閃耀著歷史滄桑的石屋，顯露著一種遺世獨立的氣質，仿佛在鄭重地宣告，這片區域的時間已經凝固，它會始終保持自然與靜謐。

英格蘭湖區的秋天是一個色彩斑斕的世界，美得像拉斐爾前派的油畫，無與倫比。

在湖畔築一小屋，將塵世的紛擾一刀斬斷，與這裡絕美的湖光山色為伴，這恐怕是許多詩人的夢想。

　　而今天的人們享受這片山水的方式也和華茲華斯時代沒有什麼不同。華茲華斯用雙腳走遍了湖區，今天，人們依然是用雙腳來投入湖區之中探險。現在的湖區是漫步者的天堂，每到夏季，氣候和暖的時候，湖區中會出沒著許多快樂的步行者，他們走出了許多條小路，有些人甚至比華茲華斯走得更遠，看到了更多的湖區之美。

　　湖區已經成了英國人，乃至全世界人的一片安寧的綠洲，是人們心靈的後花園，是一個逃出城市喧囂與浮躁生活的地方。經歷過城市的人工化與醜陋，看一看湖區的自然景致，如果你足夠靜心，你會在每一寸山水間感悟到自然的美麗與恩澤，會明白何謂大音希聲、大象無形的美麗，華茲華斯便是在如此寧靜的天地中聽到了大自然的呼吸，寫下了串串珍珠般的詩篇。當你親身領略了這一切美麗之後，你會懂得華茲華斯的用意，他將湖區賜予他的幸福煉成字字珠璣的詩句，是希望世人都能睜開欣賞大自然的眼睛，用心去領略大自然動人的畫作，去聆聽大自然美妙的天籟。而自然和美，有能力拯救我們的心靈。當你沿著湖邊漫步，呼吸著湖上濕潤清新的空氣時，可以帶上紙和筆，也許，湖區也會激發你心中的靈光，美麗的詩句也會湧上心頭。

如果足夠靜心，你便會在英格蘭湖區的每一
寸山水間感悟到自然的美麗與恩澤，會頓悟何謂大
音希聲、大象無形的美麗。

科摩湖

永◆恆◆的◆淡◆定◆和◆空◆靈

Lake Como

🏛 地理位置
歐洲 義大利

✉ 天堂名片
空靈的山水

如果你僅僅是愛上了愛情本身，卻又苦於平庸的世俗與之糾纏不清，那麼，就來科摩湖吧，它讓你直面愛情的靈魂。

來科摩湖畔度假者多為世界各地的精神貴族。這裡山水空靈，岸邊別墅古色古香，山腰重樓飛閣，輕煙嫋嫋，成了他們躲避塵世喧囂的佳境。

位於義大利米蘭附近的科摩湖，就是《星際大戰二部曲》中，天行者安納金和艾米達拉萌生愛意的地方。

科摩湖的湖水是阿爾卑斯山上消融的雪水，沒有一絲的雜質。沒有塵世的煩擾，科摩湖水永遠透明冰涼，似玻璃，似水晶。太美的景致常常會刺痛我們的心，科摩湖總是讓人聯想到愛人心底的那一滴眼淚。

如果說湖水給科摩湖以空靈的神韻，那麼，湖畔人家則為湖水增添了恰到好處的人間溫暖。在蒼翠山坡和寶藍色湖水之間的花崗石岸邊，一個個小鎮依山傍水而建，一座座紅牆的房屋沿山坡展現它們古樸的美麗，尖尖的屋頂，讓人看到了中世紀的遺風。沿湖岸往山坡上望去，條條石板小路向上次第延伸，各種特色小店林立路旁，居民悠閒地徜徉其中，採購著每日的生活用品。即使那些向觀光客銷售旅遊紀念品的小攤，在如此純淨的湖水的滌蕩下，也洗去了市儈與粗俗，而讓人覺得親切和藹。

清晨，教堂的鐘聲將小鎮從酣睡中喚醒，清新的風慢慢吹散湖面的薄霧，預示著新的一天的開始。午後，那些石砌房子的陽臺上，閒適的人們會手執一杯清茶，享受溫暖的陽光與無邊的景色。夜晚，星光照耀小鎮窄窄的街道，沿著蜿蜒的湖岸，酒吧中走出來的遊客唱出陣陣快樂的歌聲。微風輕拂，湖水拍岸，最簡單最快樂的生活也許不過如此。

科摩湖就是這樣一方安靜的山水，從遙遠的羅馬帝國時代，王公貴族和名流藝術家們爭先將這裡當做度假的最好去處。岸邊至今聳立著風格各異的別墅，出自不同的年代、不同的設計名家，經歷了多年的風雨滄桑，在青山綠水之間，一派閱盡人間繁華之後的高貴沉寂。

今天許多名人也落戶科摩湖畔，儘管許多別墅都彌漫著豪華的氣息，但科摩湖水依然清冷透明，平靜內斂，保持著它安詳寧靜的美。即使湖面停滿白色的豪華遊艇，湖水拍打堤岸的聲音依然是溫柔而優雅的，沒有絲毫的浮華氣息。而這永恆的淡定與安然，超過了塵世所有的美。

模里西斯

伊◆甸◆園◆的◆原◆始◆模◆樣

非洲島國模里西斯外表熱情奔放，骨子裡卻透露著法國的浪漫、英國的優雅和印度的嫵媚。它又是上帝的寵兒，一年四季，這個小島都是陽光燦爛，碧海藍天，帶給你無限的純淨與美好。

Mauritius

🏛 地理位置
非洲

🛥 天堂名片
七色泥、
亞馬遜河巨蓮、
鹿島

模里西斯景色優美，風光綺麗，美麗的海灘和明媚的陽光吸引著世界各地的遊客紛至遝來。

19世紀，美國小說家馬克·吐溫乘船周遊世界時曾經用這樣的語言描述過一個印度洋小島：「天哪！也許上帝先創造了這座小島，然後又按它創造了天堂的伊甸園。」這座美豔得讓馬克·吐溫睜不開眼睛，並由此聯想到伊甸園的印度洋小島就是模里西斯。

這個遙遠而陌生，以美麗的熱帶風情聞名的小島能和伊甸園聯繫到一起，足可見模里西斯的魅力。

模里西斯位於印度洋西南部，緊鄰馬達加斯加，主要由模里西斯主島、羅德里格斯島、阿加榮加群島及卡加多斯群島組成。島的四周布滿了珊瑚礁，海中有無數色彩豔麗的珊瑚魚及其他海洋生物，是一個迷人的潛水天堂。

模里西斯的建築風格複雜多變，既有現代化的玻璃牆大廈，亦有伊斯蘭風格的古堡，甚至還能看到古典的歐式建築。各種文化風格的建築交相輝映，漫步其中，恍惚間有一種時空變幻的錯覺。街道兩旁整齊的椰樹及棕櫚樹襯著五顏六色的杜鵑花，處處顯露出一種濃郁的熱帶風情。市區的街道路標、招牌以及街名普遍採用法文書寫，這裡大部分居民日常對話也是用近似法文的克里奧爾語，令人仿佛置身於一個風情萬種的法國小鎮。

模里西斯島原本是由火山噴發形成的，現在島上還有一座死火山。火山口的湖泊直徑近200公尺，湖泊四周長滿了各種奇異的植物。湛藍的天空中飄著大朵白雲，遠處的海水因為水下有的地方是沙子、有的地方是珊瑚、有的地方是礁石而呈現出多種不同的顏色。白色沙灘上一排排草頂涼棚是模里西斯的特色，涼棚前潔白的躺椅上躺著度假休閒的遊客。

島南部有世界著名的深水釣魚區，在這裡甚至可以嘗試釣起1000多磅的馬林魚，而旁邊的高爾夫球場是模里西斯景色最迷人的地方。在人間的伊甸園揮桿擊球，一定別有一番感覺。

「七色泥」是世界上唯一同時擁有七種不同顏色泥土的地區。據說這裡可找到七種以上顏色的泥土，用玻璃試管裝滿各種不同顏色的泥土，不失為一種獨特的旅行紀念。此外，位於北面的植物園已有超過百年的歷史，園中的「亞馬遜河巨蓮」是世界上最大的浮蓮，展開後直徑可達2公尺，上面甚至可以坐一個人而不沉，令人眼界大開之餘不忘讚嘆造物主的神奇力量。

鹿島是鑲嵌在模里西斯東端海岸的一個小島，這裡擁有模里西斯最美的海灘，不到此一遊將終身遺憾。之所以叫鹿島，據說是因為以前這裡常有鹿群出沒，不過現在已經很難見到鹿群的蹤影了。島上陽光明媚，是水上運動休閒的樂園。當你在模里西斯湛藍的天空下盡情享受一個星期的陽光與海灘後，也一定會認同馬克·吐溫關於「上帝按照模里西斯建造了伊甸園」的說法。

馬達加斯加

最·後·一·艘·諾·亞·方·舟

這是一個有著熱帶雨林氣候的非洲國家，
這裡是各種奇異的野生動植物的樂園，
也是一個挑戰人類想像力的「世外天堂」……
這就是馬達加斯加，一片神奇的土地。

Madagascar

🏛 地理位置
非洲

📖 天堂名片
狐猴、猴麵包
樹、豬籠草

馬達加斯加是一個位於印度洋西南部的熱帶海島，
為世界第四大島。這裡在自然生態、居民成分等
諸多方面，都與非洲大陸迥然不同。秀麗的自然風光、
自成體系的動植物，使馬達加斯加成為人們心目中一片
神奇的土地。

馬達加斯加島隔著莫三比克海峽與非洲大陸相望，
是由非洲岡瓦納古陸分裂形成的。儘管人們一直將它列
入非洲的範疇，但經過長期獨立地發展進化，島上的物
種已經和非洲大陸上的截然不同。島上沒有非洲大陸最

🎬 馬達加斯加是一個神奇的
生物博物館，一個與世隔絕的
世外桃源。

馬達加斯加是狐猴的最後避難所。除了這座島嶼，這種長有一雙美麗大眼睛的靈長類動物已經在地球上的其他地方消失了。

常見的獅子、大象、猩猩等動物，多是一些島外所沒有
的奇特動植物。有「活化石」之稱的狐猴是這裡的一大
特色。島上還有很多蜥蜴類動物，變色龍的種類占世界
一半以上。各種奇花異草達萬餘種，而且4/5的品種都
是該島所獨有的，罕見的猴麵包樹、豬籠草、燈心草和
羅望子等，組成了一座巨大而奇異的天然植物園。

　　漫步在馬達加斯加島上，看著變色龍將自己的身影
巧妙隱藏在充滿原始趣味的森林中，眾多野生的珍貴蘭
花上不時會跳過馬達加斯加所獨有的狐猴。你還可以在
當地嚮導的引領下，一路穿越湖畔山谷間的熱帶雨林，
在狐猴島上與眾多可愛的狐猴零距離接觸，體會與狐猴
嬉戲玩耍的美妙樂趣。運氣好的話你還能在森林裡見到
傳說中的跳舞狐猴，它們滑稽之極的舞姿會令你開懷大
笑。

　　馬達加斯加東北部是有「海天堂」美譽的聖瑪麗
島。島上擁有完美無瑕的碧海藍天、陽光沙灘，在這裡
可以去森林徒步探險、騎自行車環島遊，也可以潛水觀

馬達加斯加島上的猴麵包
樹，樹幹滾圓粗大，裡面可以貯
藏大量的水分。由於它的果實很
受猴子的喜愛，被人們形象地稱
為「猴麵包樹」。

光。但最吸引人的還是聖瑪麗島上一年一度的鯨魚節，每年的7月～9月，大量鯨魚會出現在附近的海域，而聖瑪麗島恰好可以提供一個絕佳的近距離純生態親近鯨魚的機會。

馬達加斯加島西部的貝馬哈國家地質公園完整地保存了億萬年來馬達加斯加島孤獨進化的獨特地貌和生態，是自然學家和崇尚探索發現的背包客夢寐以求的聖地。在這裡幾乎能夠找到全世界所有種類的猴麵包樹，而被紅樹林和瀉湖包圍的海岸也散發著獨特的魅力，還有馬達加斯加享有盛名的細軟沙灘和海邊撐著平衡桿的雙桅帆船。

或許是由於與非洲大陸分離，馬達加斯加人從體形、嘴唇、膚色等特徵看，完全不同於非洲大陸的尼格羅人和阿拉伯人，而與東南亞一帶居民的體形特徵很相像。而他們的社會生活習俗，如鄉間農舍的房屋輪廓、建築結構和高聳的雙斜屋頂，屋內的擺設、爐灶、水缸、舂具和農具，乃至安放於北牆上的神龕和祭祀習慣，以及層層梯田和稻田、養魚的習慣等等，也都呈現出濃厚的亞洲氣息。

走遍馬達加斯加，這座印度洋上的島嶼就好像「諾亞方舟」一般為人們展示著一個神奇的「新世界」。在很多歐美遊客眼裡，馬達加斯加可與亞當、夏娃生活的「伊甸園」相媲美，是大自然留給人類的一處「世外天堂」。

🎞 馬達加斯加的豬籠草是罕見的食肉植物之一。它狀似小喇叭的花朵上有一個「蓋子」，一旦有小昆蟲飛入，就會自動合上，將小蟲關閉在花朵中，然後慢慢消化掉。

洛磯山脈

現·代·人·心·靈·的·庇·護·所

這裡有靜逸祥和卻不失雄偉壯觀的自然風光，有野性難馴卻又與世無爭的動物群落，這裡還因一部電影而舉世聞名，這是時至今日為數不多的一處現代人心靈庇護所——落磯山脈。

Rocky Mountain

■ 地理位置
美洲

■ 天堂名片
自然風光、
野生動物

或許對於大導演李安而言，想在現實中的美國西部找到一處適宜的角落，藉以詮釋發生在兩個牛仔之間的那份至死不渝的同性戀情，實在是件殊為不易的難事。這是一部詩意的電影，需要一個如詩境般純淨的

🎬 洛磯山脈的馬里奴湖風景如畫。湖水像一塊晶瑩澄澈的翡翠，閃爍著美麗的光澤。

聖路易斯湖位於維多利亞山下。碧透的湖水與山頂的白雪交相輝映，顯得純淨而靈動。

世界，優雅、感性，間或帶有幾分神秘的原始氣息。不然，鏡頭下所要展現出有關「愛」的林林總總，就會失去它原本應有的美麗而真實的特質。

於是，他離開西部，遠離現代都市繁華的襲擾，一路向北，走向洛磯山脈高聳入雲的雪峰，青翠的原野，碧綠的溪水，還有那一望無垠的蔚藍蒼穹。

也只有在這個地方，《斷背山》中的兩位主角，傑克和艾尼斯，才會真正尋獲一片屬於他們自身情感與心靈的舞臺。洛磯山脈最終成就了這部如傳奇般動人的電影，也成就了李安在電影界寫下一筆濃重的華彩。當然，也未嘗不能成就你我暫且拋開往日種種煩憂，到大自然中釋放壓力，尋找自我的宿願。

洛磯山脈從北向南縱貫北美，北起阿拉斯加，穿過加拿大、美國，在墨西哥北部邊境消失。正因其遼闊，南北各地的自然地理特徵和生態環境差異明顯，各自呈現出風格獨特的自然風光。洛磯山巍峨壯觀，層巒疊嶂，群峰聳立，猶如一條巨龍騰空而起，自北向南綿延起伏近5000公里，成為美國遼闊疆域的支柱。許多美國地理學家稱它為「北美洲的脊骨」，這或許是主要原因

之一吧。

　　春天，山谷中一片新綠，百花盛開；夏季，漫山遍野都是野草莓和藍莓，黃色的冰川百合也從融雪中冒出頭來；秋天豔陽高照，山中層林盡染，顏色煞是好看；冬季 銀裝素裹，天空湛藍，是滑雪的聖地。每個季節在山區遠足都會有一番不同的發現和感受。

　　為了保護洛磯山脈的自然景觀，這裡已經建立了賈斯珀、班夫、約霍、庫特內等國家公園，以及漢帕、羅布森、阿西尼伯因等省立公園，把整個洛磯山脈建成了一座展現大自然美景的巨型博物館。

　　洛磯山脈完全是大自然的世界，人在其間，既可獨處，也可以享受與大自然親近的樂趣。行走在任何一個季節，你都可以欣賞到四季常青的原始森林，靜謐的河谷，畫境般美麗的湖泊、河流、瀑布、溫泉，還有神奇的史前時代遺留下來的冰川。沿著山中的小徑，你會發現這裡處處是風景，步步都精彩──細微之處往往比宏觀更加動人，這句話用在這裡真是再確切不過了。

　　在山中行走的你永遠不會感到孤獨與寂寞，這裡是野生動物的樂園，它們會時刻陪伴著你。偶然間，你會

　　洛磯山脈的大部分山峰平均海拔達2000公尺～3000公尺，有的甚至超過了4000公尺。諸多山峰高聳入雲，白雪覆頂，極為壯觀。

看到伏在石頭上注視著你的小田鼠，它們的嘴裡叼著花莖，準備回去做窩。你也可能與一隻山羊四目相對，這些矯健的生靈見了你並不逃遁，只是和你保持著一段距離，警惕地打量著你。你再走向一條河邊汲水，也許一頭駝鹿剛剛喝完水，轉身與你擦肩而過，仿佛城市街頭一次匆匆的邂逅。

洛磯山脈裡還有兩種熊：黑熊和灰熊。黑熊體形較小，性情溫和；灰熊體形碩大，生性殘暴。如果你意外遇到了它們，也不必太緊張，因為它們通常會忙著自己的事，漠視你的存在。你可以盡情地觀賞它們，然後悄悄走開。

行走在洛磯山脈，腳步越快，便越發能感受到生活的節奏在逐漸放緩。因為大自然使你所有的感官都開始甦醒。於是剎那間，你內心自然的真我躍然而出，急不可耐地迎接著山中清新的空氣和美景，享受自然的快樂和施捨。生活竟是如此純粹，宛如新生的嬰兒般單純得令人倍覺憐愛。

還會有什麼感覺比這更美好呢？

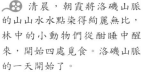

清晨，朝霞將洛磯山脈的山山水水點染得絢麗無比，林中的小動物們從酣睡中醒來，開始四處覓食。洛磯山脈的一天開始了。

哥斯大黎加

用◆眼◆睛◆呼◆吸◆的◆半◆島

哥斯大黎加,這個熱帶洋面上縈繞著加勒比海盜神秘氣息的半島國家,有著太多我們不知道的古老秘密和太多我們不熟悉的美麗風景。

The Republic of Costa Rica

🏠 地理位置
美洲

✉ 天堂名片
科科斯島

本沒有太多的島嶼,但在其國土面洋背海呈狹長分布的情況下,我們不妨將它視為一個半島國家。這個國家有太多值得玩味的東西,比如說這是世界上第一個不設軍隊的民主國家,比如說在很長的一段時期內,加勒比海盜們活躍在這裡並將掠奪來的寶藏藏匿在島上,比如說印第安人和阿茲特克人的歷史。

作為一個小國的國民,哥斯大黎加人是幸福的,在這裡閃現著孟子「小國寡民」的理想。政治在這裡幾乎是多餘的,假如有必要,完全可以像軍隊一樣被裁撤掉。全國有260萬公頃的森林,人們在這裡種植香蕉和咖啡,並以自己的勞動成果供應世界。這裡的孩子們則在接受著發達國家水準的文化教育。

科科斯島是東太平洋在熱帶唯一擁有雨林的島嶼,是上帝寫在哥斯大黎加旁邊關於創世紀活動的完美句號,1997年被聯合國教科文組織列入《世界遺產名錄》。這座24平方公里的島嶼,從地形、海流、物種、歷史方面說,都是夠獨特的。充沛的淡水資源和食物供應在一段時期內曾大量地吸引海盜們到此落

腳，這中間鼎鼎大名的有威廉·大衛斯、威廉·湯普森和博尼圖，他們在這裡埋下的寶藏至今還沒有人能找到。海盜們留在這裡的業績是如此驕人，以至於人們一致認為科科斯島上的寶藏之多居世界之首。

　　或許我們真該承認，科科斯島完全不需要任何的外來寶藏來增添它的魅力，它就是世界的渾金璞玉，搬挪不走、取之不盡又用之不竭。這座島嶼地形複雜，處處可見結著累累果實的熱帶植物。北部赤道灣氣流帶來的充沛降水在島上形成河流，向著地勢較低處流向大海，從沿海百餘公尺高的斷崖上，水流飛瀑直下跌落在青色

漫步於科科斯島上，你會不斷地感嘆造物主的神奇。

晚霞染紅了天空，染紅了海水。無論何時，無論從哪個角度看，哥斯大黎加都是一幅完美的畫卷。

科科斯島是野生動物的樂園，這裡的生物們幸福地按照自然規律繁衍生息，絲毫不受人類的驚擾。

的大海裡，濺起潔白碎玉般的水花，轟鳴不已。

科科斯島距最近的陸地也有550公里，加之島上並沒有原始的定居者，便形成了一座天然的野生生物保護區。島上有97種鳥類，2種當地特有的瀕臨滅絕的爬行動物，57種甲殼類動物，500多種海洋軟體動物，800多種昆蟲，300多種海水魚，5種淡水魚，還有海豚及大量的浮游生物。這裡的珊瑚礁由18種珊瑚蟲生成，它與印度洋的珊瑚礁品種有著相似的構成。從天上飛的鳥類，到地上爬的蟲豸，再到水裡潛遊的魚類，品種繁多，令人眼界大開。

把環保工作做得像哥斯大黎加這樣好的國家，世界上是找不出幾個來的。這個僅有51100平方公里領土的國家有1/4面積是野生動物保護區或是自然保護區，此舉絕對是當之無愧的世界第一。漫步於這裡的中美洲落葉林小道，坐臥於許多斑鳩起起落落的海灘，你也許會明白人類在善待自然的時候也會得到自然何等美好的回饋。

哥斯大黎加就是這樣展現了這個世界人類的福祉與自然和諧地共進退的完美理念，這個國度的許多舉措都體現著人們取和捨的明智選擇。

如果去哥斯大黎加，就請睜大眼睛好了。因為，哥斯大黎加的美會屏住我們的呼吸，震撼我們的視覺和心靈。

瀘沽湖
回·歸·世·外·桃·源

瀘沽湖是詩和夢，是只可意會無法言傳的美，是召喚你靈魂深處的桃源淨土，是「一個適合神仙居住的地方」。

Lugu Lake

🏠 地理位置
亞洲 中國

🏝 天堂名片
王妃島、「東方女兒國」

🎞 王妃島因摩梭末代王妃肖淑明曾長居此地而得名。從島上環顧四周，水天一色，秀美而縹緲，起伏於碧波之上的豬槽船和回蕩在水天之間的摩梭民歌，使其更添幾分空靈，幾分寧靜。

「**英**吉利之甘巴蘭湖也沒有這樣的美麗……籠罩在這裡的是安靜平和的奇妙，小島像船隻一樣浮在平靜的湖上，一切靜穆的，真是一個適合神仙居住的地方。」在20世紀初踏足瀘沽湖以後，美國探險隊隊長洛克發出了這樣的讚嘆。

仿佛有一種來自靈魂深處的引力，瀘沽湖召喚著無數對世外桃源的嚮往者踏上這方淨土。從美麗的麗江古城出發，穿過「難於上青天」的盤山峽谷的蜀道，一路上是層巒疊嶂的懸崖，偶爾跳入視野的羊群馬幫，蜿蜒曲折的金沙江在途中時隱時現，炊煙嫋嫋的民居、悠閒自在的老人和孩子，似乎都在預示大山中一個安逸寧靜的世界。

在中國雲南與四川的交界處，崇山峻嶺之中，安然地臥著純淨的瀘沽湖，如同萬山叢中造物主遺留的一塊纖塵不

染的璞玉，清澈見底，幽藍透光，散發著仙境一般的縹緲氣息。瀘沽湖在當地納西族的語言裡，意為「山溝裡的湖」，它是中國最深的淡水湖之一，湖面海拔約2680公尺，平均湖深45公尺，最深處有93公尺。時至今日，瀘沽湖仍未經汙染而保留至純至淨的景觀，仿佛伊甸園一般。

如明鏡般平靜的湖面，水晶般空靈的湖水，晴日裡水天一色，湖上婉轉歌唱的飛鳥，湖邊自由自在生息的牛羊，輕輕哼著民歌的牧人，還有緩緩劃過水面的豬槽船，讓你完全忘卻了都市的喧囂，投入這片古樸純粹的淨土。

清晨，薄霧升起，晨曦初露，瀘沽湖水色如染，蕩漾出淡淡的金紅色；到了正午，陽光燦爛，湖面碧波蕩漾，變成迷人的翠綠色；等到夕陽西下，落日餘暉映在瀘沽湖上，又是一片金色星星點點的奇觀；夜裡，看星河倒映，聽鳥兒呢喃，你便沉浸在靜寂安寧的夜色中。一天之內，瀘沽湖的天空與湖水色彩不斷變換，讓你輕輕地枕著這片純淨的湖水，怎麼也看不厭。

瀘沽湖的湖光山色渾然天成，湖美，湖中的小島與湖周的山景更美。湖中的黑瓦吾島、里無比島和里格島等七個小島，樹木蔥蘢，林間野鳥群集，遠遠望去，如同漂流在湖中的綠色小舟，舟上生機盎然。瀘沽湖四周的山川巍然矗立，雪峰、草場、溪流、古寺相映成趣，茂密的原始森林裡，還有小熊貓、

短尾猴、斑羚羊等 珍稀動物不時出沒，一派鄉間田園風貌。

　　瀘沽湖畔居住的納西族摩梭人，至今仍保留著古老的母系氏族文化，因而瀘沽湖又有「東方女兒國」的美稱。在摩梭人的生活裡，仍延續著母系氏族社會的大家庭制，由女性當家、女性成員傳宗接代。摩梭人還有一種獨特的婚姻習俗，叫做「阿夏」，俗稱「走婚」。摩梭青年男女依照「男不婚、女不嫁」的傳統，戀人之間不存在婚嫁，而是仍然屬於自己原有的家庭，婚姻的形式是男方到女方家走訪、住宿，第二天再回到自己的家中，「走婚」的說法由此得來。男女雙方所生的子女跟從母親的姓氏，歸屬女方所有。這種母系氏族的婚姻形式在今天已是非常罕見了。

　　或許是瀘沽湖的美孕育了摩梭人「崇母尊女」的傳統，當你走進瀘沽湖的淨土，就仿佛走進了一個純美的女神聖地。這裡的摩梭女兒擁有一種與生俱來的美麗，她們淳樸善良，無憂無慮地日出而作、日落而息，自由自在地追求自己的情感與快樂。摩梭人稱瀘沽湖為「母親湖」，稱湖北岸的「格姆山」為「女山」。在摩梭人最盛大的格姆女神慶典——轉山節上，摩梭女兒盡情地載歌載舞，在那時，純樸

瀘沽湖宛如一顆晶瑩的寶石，跌落在滇西北的萬山叢中。傍晚，夕陽的餘暉將所有的一切都塗上一層金色的光芒。波光粼粼的湖水深深融化在晚霞的柔美中。置身其中，恍惚間真有不知今夕是何夕之感。

在瀘沽湖的每個山灣村寨，都可以看到那些盛裝的摩梭少女。她們勤勞善良、美麗單純，按照自己的質樸本性，在這塊神奇的土地上無憂無慮地勞動、生活、戀愛。

的民情與純淨的山光水色有了最極致的融合。

有人說，摩梭少女的風姿，獨木輕舟的典雅，此起彼伏的漁歌，構成了瀘沽湖的「湖上三絕」。瀘沽湖的一山一水、一草一木，都被賦予了女性美好的形象，一歌一舞、一顰一笑，都是摩梭女兒無限的風情，讓你由衷地感歎，瀘沽湖不愧為真正的「東方女兒國」。

在一片恍若女神開闢的處女地上，純淨的湖水與山色之間，遠離世俗的摩梭人悠然棲息，肥美的草場上牛羊成群，蘆葦隨風擺蕩，花草鋪滿山野，田園阡陌縱橫，房舍交錯，炊煙、牧歌、漁火相伴，阿哥阿妹相隨……儼然是陶淵明筆下的世外桃源。

香格里拉

人·間·仙·境

18 世紀的德國詩人荷爾德曾在宗教詩歌裡忘情地歌詠:「這裡是人神共居的別處天堂」,踏足香格里拉,你才會意識到,這句話用來形容香格里拉是多麼恰當。

在藏語中,「香格里拉」一詞的意思是「心中的日月」。單是如此美麗的名字,就足以引發你無數美好的遐想。而比這個名字更美的,是香格里拉的風景。

雪山的懷抱裡,草甸豐美,牛羊成群,杜鵑花、格桑花競相怒放,駿馬奔馳,牧人在藍天白雲下唱起悠揚的牧歌,這就是人間仙境香格里拉。

位於中國雲南西北部的香格里拉,是人世間少有的一片保留了完美自然生態的樂土。數座雪山的環繞之間,有大大小小的草甸、牧場,靜謐的高山湖泊,幽深的峽谷,神聖的寺院,茂密的原始森林,連成和諧寧靜的整體,恍如西方人夢中的伊甸園。與世隔絕的淳樸的康巴人,在這片肥沃的土地上生息繁衍,空靈的牧歌響徹香格里拉的天空。在這裡,有高原、雪山、峽谷的西藏風貌,也有風吹草低見牛羊的內蒙古大草原壯景,香格里拉,一幅活生生的美麗圖卷。

香格里拉的四周,雪峰連綿,雄奇挺拔,屹立著梅里、哈巴、白茫、巴拉更宗等大雪山。梅里雪山是香格里拉最

負盛名的景觀。這座巍峨壯麗、神秘莫測的雪山，早在20世紀30年代就被美國學者稱讚為「世界最美之山」。從北到南，一座座雄奇秀麗的雪峰組成了梅里雪山的主體，其中平均海拔超過6000公尺的就有13座，主峰卡瓦格博峰是雲南第一高峰。

　　有人說，在雪山面前，人的心靈是會得到淨化的，的確如此。梅里雪山被當地藏民稱為「雪山太子」、「神山」，每年，西藏、四川、青海、甘肅等地的信徒都要千里迢迢地徒步趕來，向這座自然的豐碑朝聖。雪山群中，「三江並流」的奇景，綿延數百里的雪峰，如玉龍一般舞動的冰川、冰鬥，映襯著清遠澄淨的藍天，仿佛天國裡的仙境一樣，讓你油然而生一種神聖感。當你走在山谷中，面對梅里雪

蜀都湖是香格里拉最大的高原湖泊之一，湖水清澈透亮，四周青山鬱鬱，原始森林遮天蔽日。

山時，隨著角度、天氣陰晴的變化，雪山也變換著不同的姿態，雪峰時而雲籠霧罩，時而與雲霧相吞吐，而無論是哪種姿態，都讓人有一種莫名的感動。

　　在梅里雪山的背面，有一個神奇美麗的村落，名為「雨崩」。雨崩村被群山簇擁，地 形險阻，只有一條驛道能與外界相通，因而人煙稀少，只有二十幾戶人家居住。行走在雨崩村裡，沿途可以欣賞到雨崩神瀑、古篆天書、五樹同根等奇景，頗有曠世桃源之感。

梅里雪山以其巍峨壯麗、神秘莫測而聞名於世。它以無比殊勝的景觀和氣勢，吸引著無數崇拜自然威力的藏民來此朝聖。

　　香格里拉有很多著名的天然湖泊。它們星羅棋布地分布在雪山環抱之間，陳列在草甸的中間或邊緣，仿佛一面面鑲嵌其中的天鏡，映照著雪山森林、藍天白雲，映照著牧人、畜群和各種飛禽走獸。這些神聖靜謐的湖泊，承載著香格里拉人與自然共融的美好意境。

　　碧塔海位於香格里拉縣城以東35公里，四周崇山峻嶺環抱，林木蓊鬱，雪峰連綿。湖面呈海螺形，由雪山溪流匯聚而成，雪山樹影倒映在碧藍的湖水中，清雅迷人。在藏語中，「碧塔海」的意思是「櫟樹成甕的地方」，碧塔海的湖中島嶼上，生長著雲杉、高山松、白樺等林木。

　　關於碧塔海的由來，當地還流傳著一個美麗的傳說。據說很久以前，天女在梳妝時不小心跌落了鏡子，鏡子的碎片落入人間，在香格里拉形成了許多高原湖泊，而碧塔海就是其中一塊鑲有綠寶石的鏡片。塔狀的小山和這一湖寧靜清澈的水，的確使碧塔海美如翡翠，不負「高原明珠」的美稱。

　　在碧塔海附近，還有眾多國家級的珍稀動植物，比如被生物學家稱為「重唇魚」的一種魚類，肉質鮮美，著名的「杜鵑醉魚」景觀就來源於此。在碧塔海，騎著藏民們準備好的馬，悠然地徜徉在溪邊草叢上，馬蹄輕悠，四周的林木倒映在水中，所謂「半湖青山半湖水」，好不愜意。

　　香格里拉居住著藏族、納西族、彝族、白族等13個民族，人們團結和睦，各具風情。在美藉英國小說家詹姆士‧希爾頓的小說《消失的地平線》中，描繪了一個永恆、和平、寧靜的人間仙境，那裡的人們靜靜地享受著雪山、陽光的賞賜，逍遙 自在地生活，人與人、人與自然都完美地相處，這正是香格里拉的真實寫照。

　　如今，香格里拉已不僅僅是一片風景，更成為仙境、桃源的代名詞。雪山峽谷之間，藏民們熱情地歌唱：「有一個美麗的地方，人們都把它嚮往，那裡四季常青，那裡鳥語花香，那裡沒有痛苦，那裡沒有憂傷，它的名字叫香格里拉，傳說是神仙居住的地方……」

大溪地島
上•帝•的•天•堂•小•鎮

如果你一直憧憬天堂般的生活，那就來大溪地吧，因為這裡是「最接近天堂的地方」。

Tahiti Island

🏛 **地理位置**
大洋洲（屬法國）

✉ **天堂名片**
高更的靈感源泉

在1767年，英國航海家沃利斯乘坐「海豚號」在尋找傳說中的南方大陸時與另一艘船失散，被海風吹到了大溪地島。在這裡停泊了一個多月後，沃利斯不得不與這座天堂般美麗的小島告別，臨行前他感慨地說道：「這是一個只有天使和生前的好人才能棲居的地方，這是個金光一閃後一切自由幻化的想像空間。」

大溪地島位於太平洋南部、大洋洲的東北面，屬南太平洋群島之一，是法國屬地，其正式名稱應為「法屬波利尼西亞」。由於大溪地島是法屬波利尼西亞群島中最大的一個，同時也是群島的經濟、政治、文化中心，因此大部分人將波利尼西亞群島概稱為「大溪地」。大溪地是來南太平洋旅遊的人最趨之若鶩的天堂島嶼。因為是火山島，沿岸的沙灘碎石如墨一般漆黑，而海水卻清透得像一大塊翡翠。

大溪地島擁有一片美麗原始的土地，淳樸的原住民在這美麗的天堂過著與世隔絕的寧靜生活。

由於混有法國人和東方人的血統，大溪地人長相俊美，身材適中，男人、女人、孩子、樹木以及花草，一切都是那麼天然與純美。這裡的人皮膚黑裡透紅，體態健美，性情豪放，能歌善舞，過著衣食無憂的生活，常常無所事事地望著大海遠處凝思，一望就是一個下午。日複一日，陽光跟著太平洋上吹來的風一同到來，海水的顏色也由幽深到清亮。他們管自己叫「上帝的人」，

大溪地便是「最接近天堂的地方」。

　　或許是因為上帝喜歡寧靜悠遠的環境，於是選擇讓自己鍾愛的地方遠離塵世的喧囂，獨處太平洋一隅。清晨，當海水的顏色從幽暗的深色逐漸變得清澈透亮時，半空中太陽也不知不覺將金色的陽光慵懶地灑遍了整座小島。從太平洋上吹來的海風帶著大海的清香從小島旁緩緩拂過。高大的椰子樹恣意生長，下垂的枝葉如同害羞女孩的長髮，迎著南太平洋的海風招展。成熟的芒果與木瓜散發著芬芳淡雅的香氣。綺麗的熱帶風光中，排排屋頂鍍錫的茅草房，在陽光下熠熠生輝，綻放出與太陽相同的光芒。

　　當人們在大溪地潔白美麗的沙灘上慵懶地享受著日光浴的同時，也體驗著靈魂與身體在陽光下得到片刻放鬆後的舒暢感覺。許多好萊塢的大牌明星都選擇到這裡

　　大溪地有許多幽靜的茅頂小木屋，就建在清澈碧透的海上。每一間木屋都有自己的甲板，適合在懶洋洋的午後躺著曬太陽。更令人難以置信的是，你可以躺在床上，看著小木屋下斑斕的熱帶魚快樂地游來遊去。

度假，如妮可·基嫚與先生凱斯·厄本在舉行了盛大的婚禮後立即乘坐私人飛機前往風光無限的大溪地島度蜜月。許多來自歐美的遊客更是常年停留在這個伊甸園般美麗的小島上，逃離現代社會繁忙緊張的節奏，讓靈魂在大溪地清澈湛藍的海水中得到洗滌與昇華。遊人們在島上漫無目的地散步，每個人的臉上都帶著夢一般的甜美神情，仿佛夢寐以求的幸福正出現在他們面前。

1891年4月4日，43歲的後印象派畫家高更來到大溪地時，這裡的村民還過著原始社會的生活。高更仿佛進入了原始的樂園，一下子被這裡的一切深深吸引住了。他在島上停留兩年，大溪地美麗的景色點亮了他的靈感，奇蹟般地促使他在這裡盡情發揮出了一個真正偉大的畫家的天才。

在這裡他不僅找到了一個美麗的大溪地女作為終身伴侶，還得到了名和利。在大溪地迷人的風情下，高更終於畫出了名作《大溪地少女》。這幅畫描繪的是大溪地島上兩個健美的土著少女，半裸著身體站在一片樹蔭下。現在，《大溪地少女》被收藏在歐洲的藝術館裡供人們參觀。有人開玩笑說，一定是天氣陰霾的歐洲想借這兩位來自天堂的少女來分得一些熱帶小島上寶貴的金色陽光。在大溪地島，燦爛的陽光是最充裕的資源，也是上帝用他手中的調色板在這個天堂小鎮塗抹的最斑斕絢麗的一道色彩。

大溪地意味著一個文明的悖論，一種對庸俗城市生活的背叛，它是人們對伊甸園、對一切古老、單純的美麗世界永遠的懷念與夢想。夜晚，在湛藍海水中修建的高腳屋內，聆聽著大海的陣陣波濤聲，讓人覺得和美麗的大海是如此親近。這裡遠離塵世的喧囂，人們清閒地做著自己的美夢，腳下晶瑩剔透的海水、潔淨的空氣、閒適的氛圍，是大溪地的無價之寶。如果上帝的天堂在人間某處有著完美的統一，那個地方一定是大溪地島，因為這裡是上帝的天堂小鎮。

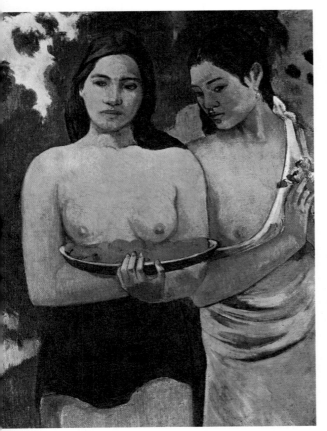

在高更的名畫《大溪地少女》中，兩個少女棕褚色的皮膚與紅色的水果、黑色的裙子和藍綠色的腰裙形成鮮明的對比。灑滿橙色陽光的天空和天空下蓊鬱的樹蔭，勾勒出濃郁的熱帶風光，這就是帶給高更自由心境的大溪地純潔而高尚的風物人情。

大溪地的日落美得驚心動魄，令人屏息。此情此景，大概只有天堂才能見到。

巴登巴登

歐·洲·的·SPA·休·閒·宮

「**5** 分鐘後你會忘掉自己，20分鐘後你會忘掉全世界」——這就是馬克·吐溫在巴登巴登泡過溫泉後，由衷發出的一聲感嘆。

如果你問一個德國人，德國的春天從哪裡開始？他會毫不遲疑地告訴你：從巴登巴登開始。

巴登巴登很美，它坐落在德國西南部的黑森林邊上，奧斯河谷之中，離法國和瑞士都很近。小小的城市與周圍的景觀相映成趣，群山起伏，低谷蜿蜒，溪流潺

Baden Baden

🏛 地理位置

歐洲 德國

📇 名片

溫泉

潺，浪漫的葡萄園，滄桑的城堡，孤獨的修道院點綴在青山秀水之中。造物主是如此的厚愛巴登巴登，這裡的泉水富含豐富的礦物質，而且水溫高達69℃，真是得天獨厚的溫泉勝地。

「巴登巴登」是個很奇怪的名字，在德語中就是「沐浴」的意思。巴登巴登自古就是一個溫泉療養休閒勝地，早在西元1世紀，古羅馬人就以這裡的泉水為軍人治病療傷，羅馬皇帝卡拉卡拉也曾造訪這裡。此後，在漫長的歷史歲月裡，巴登巴登逐漸成為皇室、貴族的休閒之所。

到了18世紀末19世紀初，巴登巴登風靡歐洲，拿破崙三世、俾斯麥、維多利亞女王、俄羅斯沙皇亞歷山大、普魯士的威廉等貴族政客都曾流連於此；陀思妥耶夫斯基、華格納、拉姆斯等文人墨客也都偏愛這裡。隨著巴登巴登在社交界的聲譽日隆，這裡終於變成了歐洲的

森林環繞的蒂蒂湖是巴登巴登一個著名旅遊景點。它位於多條旅遊線路的交會點，湖上有遊船提供環湖一周的觀光服務。湖畔的度假村多是半木結構的傳統民居式建築。許多度假村的牆上都裝飾著別緻的圖案，給人一種古樸而典雅的感覺。

金秋時節的巴登巴登，純美而充滿夢幻色彩，如童話世界般令人沉醉。

夏都。

　　巴登巴登魅惑了歐洲浪漫主義的藝術大師們。布拉姆斯曾經說過,他對「巴登巴登永遠有著一種難以言傳的嚮往。」在舒曼、布拉姆斯、李斯特等藝術家的共同努力下,巴登巴登成為了歐洲的沙龍音樂中心,並將這項桂冠保持了幾百年。現在,在泡溫泉之餘,每年巴登巴登還會舉辦多場舒曼、布拉姆斯、李斯特等音樂大師的音樂會,每一個來此度假的人都能獲得身心雙重的享受和愉悅。

　　巴登巴登與生俱來一種高貴而矜持的氣質。一條南北走向的大街和與之平行的清流貫穿巴登巴登。在大街與溪流間,茂盛的古樹嚴實地籠罩著一座古老的教堂和幾家五星級溫泉酒店,好像一位低調的紳士靜靜地守候在這裡。現在,巴登巴登當之無愧是歐洲最美最大的溫泉浴場之一,這裡的大飯店擁有歐洲第一間SPA套房,擁有歐洲頂級的專業設備,被SPA界譽為「SPA中的SPA」。美國文學巨匠馬克·吐溫在巴登巴登泡過溫泉之後曾經由衷地感嘆,「5分鐘後你會忘掉自己,20分鐘

巴登巴登是個依山傍水的小鎮,寧靜而溫馨,是一個可以讓人忘卻塵世煩惱的地方。

後你會忘掉全世界」。

　　巴登巴登的四季都有遊客，但是不同的季節人們喜歡選擇不同的活動。春秋時節，氣候宜人，遊人喜歡在山野間漫步，呼吸清新的空氣，欣賞藍天白雲，迷醉於鳥語花香之間。夏日時節，遊人會像在海邊度假一樣享受黑森林的日光浴，讓身體徹底放鬆。冬日，漫天飛雪，朔風凜冽，人們泡在溫暖的溫泉中，透過蒸騰的霧氣，眺望遠方皚皚的寒山白雪，真是別有一番風情。

　　來巴登巴登度假，享受貴族般的生活。從溫泉浴池中走出來，朗朗月色，習習清風，隨意地走到一家露天的酒吧，來杯純正的德國啤酒，是怎樣一種酣暢淋漓的痛快。

　　每天下午，小鎮的露天音樂會奏響歡快的樂曲，你也不妨放鬆自己，和來自世界各地的陌生人一起隨著音樂搖擺，徹徹底底地放縱自己。一曲終了，從侍者的託盤中取下高腳杯，喝一口早已準備好的清涼香檳，你一定會為空氣中彌漫的香檳和香水的味道而迷醉。

巴登巴登是德國頂級的療養勝地，去SPA酒店泡泡溫泉，舒緩一下筋骨，不僅是一種生活方式，也是一種人生哲學。

威尼斯
風·姿·綽·約·的·水·城

水 是一個城市的靈氣，生長在清波之上的威尼斯，如同一個漂浮在波光瀲灩之中的美夢，在你心頭久久揮之不去。

Venice

🏛 地理位置
歐洲 義大利

🎭 天堂名片
聖馬可大教堂、嘆息橋、里阿爾托橋

文 藝復興時期的英國文壇巨匠莎士比亞，曾在他的名作《威尼斯商人》中敘及義大利的水鄉──威尼斯。這座古老的文化城市，自誕生之日就浸潤在綽約的水中，117條水道，118個小島，401座形態各異的橋樑，構成了世界上獨一無二的威尼斯水城。

時至今日，威尼斯仍沒有汽車、自行車，也沒有交通指揮燈，水道是市內唯一的通路，船是唯一的交通工具。乘坐威尼斯特有的貢朵拉小舟，遊弋於蜿蜒曲折的

🎬 乘坐貢朵拉漫遊在威尼斯迂迴的水道間，看著兩側如水粉畫般的古建築緩緩地向船尾駛去，不禁讓人產生一種時光倒流的錯覺。千百年的時光過去了，但這裡的一切仿佛都沒有改變。

夜色中的威尼斯燈光搖曳，如夢如幻。

水道間，大街小巷都是滄桑的文藝復興時期或拜占庭式建築，街道兩岸之間，連接的是雕刻精緻、儀態萬方的石橋、木橋，岸邊有美得讓人沉醉的迴廊，白鴿與海鷗齊飛，鐘樓、修道院、宮殿和各色商店隔河相望，令你仿佛置身一幅水墨畫中。

你也許訝異，威尼斯為什麼會建在水上，又是如何建築在水上的呢？相傳，公元5世紀時，義大利沿海的居民為了躲避亞洲遊牧民族的入侵，逃避到海上的小島和沼澤地，在這裡安居建業，逐漸形成了新的城市。威尼斯的房屋，都是以植入水底的大木樁為地基，在上面鋪上木板逐層建造的。所以有人形象地說，威尼斯的上面是石頭，下面是森林。經過了十幾個世紀，這座奇特的城市非但沒有被河水沖沒，反而發展成著名的商人之都、東西方交流的橋樑。只有那悠悠河水倒映中的古建築，還在悠悠訴說著威尼斯的往事。

聖馬可廣場，這座被拿破崙稱為「世界上最美麗的客廳」的地標，自古就是威尼斯政治、宗教和傳統節日活動的中心。廣場的名字來源於聖馬可大教堂。828年，福音傳道者聖馬可的遺骨從埃及運抵威尼斯，為了

聖馬可大教堂曾是中世紀歐洲最大的教堂，
是威尼斯建築藝術的經典之作，擁有「世界上最美
的教堂」的美譽。

表達對聖者的尊崇，威尼斯人決定建造一座華麗的教堂來供奉。聖馬可大教堂的建造花了很長時間，從11世紀開始，直到15世紀才建成。

數百年的建造時間，也正是威尼斯作為城市共和國崛起的時間。這座大教堂融合了各個世紀不同的建築風格，既有拜占庭式的金碧輝煌，哥德式的建築精神，羅馬帝國時期的外觀，半圓拱的內部構造以及伊斯蘭教宮殿式的圓屋頂……展現了威尼斯的開放和與世界融合的觀念。

進入教堂，其內部的奢華更讓人驚嘆不已，這裡不像一般的歐洲教堂那樣充滿宗教的神聖感，卻像一座金光閃耀的皇宮。牆壁上的鑲嵌畫都是《聖經》上的故事，卻是金色的；佈道壇後的一幅黃金裝飾屏也是金色的，據說這是一名金匠用純金打造的藝術傑作，上面還鑲嵌了寶石。

這裡世俗的奢華遠遠超過宗教的神聖，在這裡你可以嗅到當年既崇拜上帝又崇拜金錢的威尼斯商人的銅臭味，真讓人不得不對威尼斯商人的富有和對宗教的影響刮目相看，怪不得偉大的戲劇家莎士比亞要專門寫一出《威尼斯商人》來嘲諷一番呢。

教堂外的聖馬可廣場，東西長170公尺，東邊寬80公尺，西邊寬55公尺，是威尼斯最為繁華熱鬧的地方。這裡雖然遊客總是絡繹不絕，卻讓人感覺自在而閒適，你可以在這裡做很多自己喜歡的事。廣場周邊是各式各樣獨具風格的精品店，有專賣威尼斯金飾和玻璃製品的，也有專賣義大利名牌服飾的，櫥窗設計絕對一流，不買只看也是一種享受。

聖馬可廣場上還有一件事不容錯過，那就是餵鴿子。廣場上的鴿子並不怕人，都被遊客寵壞了。它們整天都忙著吃遊客們「奉獻」的食物，每一隻都肥肥壯壯的。

其實，威尼斯並非完全建在水上，它的一部分也建在陸地上，或者說在露出海面的一些小島上。整座城市建在大約120個島嶼上，全靠400多座石橋溝通。

一座接著一座的小橋，盡職盡責地聯繫著各島的交通。威尼斯的橋和中國江南的橋 相同的地方是它們大多是由石頭砌成的，不同的是，江南的橋多了幾分隨興，威尼斯的橋則是精雕細琢，帶著濃郁的羅馬和義大利風格，與兩岸的建築風格水乳交融。

這些橋中，最著名的當屬「嘆息橋」。之所以如此命名，是由於它連接了法庭和牢房，連接了人生中最為黑暗的兩個地方。 嘆息橋建於1600年，架在總督府與監獄之間的小河上，是一座全封閉的早期巴羅克風格的石橋。嚴格來說，嘆息橋有頂子有牆，應該說是一個橫跨於窄窄河道上的過道而已。

據說，當犯人在總督府中被審判定罪後，就會經過嘆息橋進入地下牢房。所以只要一被帶上橋，犯人就知道是怎麼回事了。而從橋這一端走向那一端的時候，對於生的渴望、對於自由的渴望會讓他們不由自主地發出嘆息之聲。這也就是嘆息橋這個名字的來歷。

而中世紀監獄裡的痛苦，讓犯人們更加珍惜這最後的幾步路——威尼斯的監獄建在海邊，海水有漲有落。若是漲

潮又遇上冬天，犯人泡在冰冷刺骨的海水裡，可以說是求生不得，求死不能。

當犯人們最後一次透過小小的窗戶看到親人與陽光時，一聲聲嘆息久久地徘徊在橋上，那沉重的嘆息聲要比眼淚更令人心碎。如今時過境遷，犯人們自不必再走過這裡，嘆息橋的名字卻一直保留了下來。

另一座著名的橋是里阿爾托橋。里阿爾托橋又名商業橋，建於1580年～1592年，可以說它見證了威尼斯作為貿易都市最為繁華的一段歷史。如果說那時的威尼斯是歐洲的商業中心，那麼里阿爾托橋就是威尼斯的商業中心。它原本是一座木橋，後來因為交通實在繁忙，難負重荷，於是被改建成了石橋。里阿爾托橋長48公尺，寬22公尺，離水面有7公尺高，橋中央建有廳閣，兩側店鋪林立。遠遠望去，依稀可以想見它當

🎬 「相愛的人都去威尼斯。」去了威尼斯，你才會明白，這不僅僅是一句電影台詞。威尼斯就有這樣的魔力，浪漫到心碎，就算心如止水的人，也會開始幻想地老天荒的愛情。

年繁華喧鬧的景象。其實直到今天，即使威尼斯的貿易衰落了，里阿爾托橋一帶依舊是威尼斯的商業和購物中心。

一個水城，只有橋是不夠的，各種各樣的船也是必不可少的。

貢朵拉，從小在課本裡就看到的船名，已經成了威尼斯的一大特色。貢朵拉的歷史可以追溯到11世紀，它的製作據說嚴格而又講究，必須長11公尺，寬1.5公尺，以櫟木板為材料，至少用黑漆塗抹7遍……而每條貢多拉的乘坐也是有定員的，乘客6人，加船夫1人。如此精細，從中不難看出威尼斯人的精明與細緻。

每條貢朵拉都是精心裝扮過的，月

牙形的小船意味著浪漫和風情。細長的黑色船身,扁平的船底,首尾兩端尖尖翹起,很適合在狹窄的水巷中穿行。搖櫓的船夫大多穿著藍白條紋的汗衫,乾淨俐落。坐在船上,看著河道兩邊氣勢不凡的建築接近又遠離,不時迎面飛來一座座小石橋,中世紀威尼斯人的日常生活情景依稀就在眼前。

貢朵拉帶著人們經過很多知名的或不知名的橋,經過威嚴高貴的總督府、馬可·波羅的故居、黃金宮、魚市場、歌劇院、佩薩羅宮、阿卡得米亞美術館⋯⋯這裡的建築大多是18世紀的遺產,看上去有些陳舊,卻在陳舊中保留著深沉的歷史感和往昔的風華。幾百年前的古建築倒映在粼粼晃動的河水中,如夢如幻,而小船則劃破一個又一個的倒影緩緩而過。

人們在貢朵拉上隨性觀賞這座城市,而乘坐客人的貢朵拉也堪稱威尼斯最具魅力的一景。正應了那句美麗的詩句:我站在橋上看風景,看風景的人在樓上看我。

里阿爾托橋是威尼斯的象徵,幾乎所有關於威尼斯的影片、書籍都有這座橋的影子。

卡碧島

*最*甜*蜜*的*修*仙*之*地*

它 就如同女妖塞壬一樣散發著神秘的魅力，吸引著古往今來無數的人。

Capri Island

地理位置
歐洲 義大利

天堂名片
妖異而神秘的美麗

卡碧島，又被稱為女妖島，傳說女妖塞壬用歌聲吸引來往船隻，讓它們觸礁而沉，可水手們總是經不住天籟的誘惑，紛紛心甘情願地走向死亡。卡碧島就是一個具有如此魔力的小島，它是不可抗拒的誘惑。在古羅馬時代，台比留將行宮修在卡碧島的最高點，俯瞰著島上的蒼生；奧古斯都大帝東征歸來，路過這裡，立刻決定拿面積4倍於它的土地來交換這個島的所有權，然後在島上度過了10年；著名作家高爾基曾在此居住；義大利英雄加里波第長眠於此。今天依然有無數的人們來到這裡，流連忘返。

卡碧島之所以讓如此多的人眷戀，是因為它最大限度地實現了人們對於天堂的夢想。這裡氣候溫和，陽光燦爛，在沙灘上可以盡情享受太陽神的恩賜。這裡海水清澈，藍天無垠，海天一線間仿佛飄蕩著塞壬的歌聲。這裡展示著大自然鬼斧神工的力量，海岸線崎嶇獨特，海水中隆起巨大而中空的礁石，仿佛一扇穿越古今時空的石門般佇立，懸崖峭壁間的岩洞中閃爍著夢幻般的藍色光華，在維蘇威火山的注目下更顯妖嬈。

這裡文化底蘊深沉，2000多年前維拉·喬維斯別墅如今雖只剩下遺跡，但是藍天碧海下的殘垣斷壁依然可以讓人想到它當年的宏偉壯麗。而普通人的生活在不遠處延續。蜿蜒的臺階順著岩壁上下，通向雲深不知處；石灰水刷白的村莊散落在崖壁之上，肅穆淡雅中展示著當地人安靜恬淡的生活；白色質樸的別墅，半隱半現地藏匿在芳香灌木叢中，閃耀著深沉的高貴。「翁貝托一世」廣場連接著莊嚴典雅的白色古教堂，形成一座寬闊的觀景台，可供遊人眺望無垠的海洋。

卡碧島就是如此，擁有自然的美麗與人工的精巧，擁有歷史的深沉與輕盈的想像，它是「愛情、夢幻與太陽之島」，是「最甜蜜的修仙之地」。

在陽光的照耀下，卡碧島的海水呈現出一種妖異而神秘的美麗。

米克諾斯島

最 · 接 · 近 · 天 · 堂 · 的 · 小 · 島

希臘號稱擁有世界上最美麗的島嶼，而位於雅典東南95公里處的米克諾斯島，則以其獨特的夢幻氣質在愛琴海的島嶼中首屈一指。

Mykonos Island

🏛 **地理位置**
歐洲 希臘

💺 **天堂名片**
獨特的建築、
眾多小教堂

🎞 米克諾斯島上的房子都儘量朝向陽光，因此雖然布局極不規則，卻並不令人感到雜亂無章。

米克諾斯島上古樸的白色風車建於16世紀，現在已成了歷史古蹟。但它們那堅固的圓筒形建築和輕巧的風篷，依然吸引著無數遊客駐足遊覽。

愛琴海波光粼粼，湛藍的海上有海鷗懶懶飛去，向來往的渡輪告別，陽光從落地窗瀉進屋裡，窗外的花園裡，有一簇簇不知名的熱帶花兒悄然綻放……而渡輪長鳴三聲開走後，島上又恢復了寧靜……

在古老的希臘神話中，米克諾斯是宙斯和泰坦族發生聖戰的地點。戰敗的泰坦巨人的骸骨落入愛琴海中，就形成了米克諾斯島。

米克諾斯島過去也曾經歷過戰火，在大航海時代曾經有過無數可歌可泣的故事。但如今的米克諾斯已與任何紛爭無關，它被遊客們稱做「最接近天堂的小島」——於是出現了米克諾斯式的「天體海灘」。當你在愛琴海的陽光下瞥見海灘上那些毫無保留的浴客時，請不要失聲驚呼，這只是一種敞開的皈依，是與天堂和心靈的對話。米克諾斯島確實是一個使人迷醉的地方，在這裡，每個人都很容易忘乎所以。

米克諾斯島上沒有其他行業。在這個沒有樹木、道路崎嶇而又遍布岩石的島嶼上，旅遊業是唯一的經濟支柱。米克諾斯島從前只是一個不引人注目的小島。它神奇的發跡史始於20世紀30年代，那時這裡只有一些藝術家們流連，但到了20世紀50年代，前往米克諾斯島度假已經成為一股時尚潮流。於是，無數的人們蜂擁至此，逐漸將這個小島變成愛琴海諸多島嶼中知名度最高的一座。米克諾斯島以它那希臘式的沉靜黎明、令人炫目的海邊日暮和細膩的海灘侵蝕著你，將你納入它那不可抗

拒的懷抱之中。

　　米克諾斯島上的建築是愛琴海最引人注目的奇蹟之一。這些房屋依山傍海，分布毫無規則，每一幢都有極好的觀賞視野，低頭就可以見到白色的沙灘，平視可以遠眺湛藍的海水，抬頭就是湛藍的天空。這些房屋的外牆都塗成白色，門和窗則是鮮豔的藍、綠、紅、橙諸般燦爛的色調，同純粹的白和藍形成觸目的對比。然而，如此美妙的建築卻沒有人確切地知道它們是何時產生，如何建造的。

　　而散布全島的家族式的小教堂，據稱有365座之多。一年之中，每天朝拜一個也需要一整年的時間。這些小教堂隱藏在島上狹小的街巷中，每隔幾個民居，每走過幾個商店就會有一座教堂出現在你的眼前。教堂的屋頂和海邊的建築一樣，都是五顏六色。這些小教堂是當日海洋暴虐之時，為了報答上帝保佑家人出海捕魚或經商後安然歸島而建的。許多教堂的房檐下都懸掛有鈴鐺，在愛琴海風的吹拂下，會發出陣陣悅耳的鈴聲，似乎訴說著對親人的想念，又似是對傳說中冥冥神靈的呼應。

　　從島上碼頭向左轉，可以看到一座純白色的教堂——帕拉波爾蒂阿尼教堂，在希臘語中是「邊門聖母」的意思。這座教堂因其特別的形狀而成為所有希臘教堂中最為上鏡的一個。

　　而「小威尼斯」則是米克諾斯島上最美麗的角落，這裡餐館和酒吧林立，

富有威尼斯情調，是島上遊客最多的地方之一。希臘人最愛甜食，米克諾斯島上也不例外，在這裡你可以吃到有生以來最好吃的餐後甜品：濃稠得像嫩豆腐似的優酪乳澆上蜂蜜，嚐上一口讓人回味無窮。

島上的紀念品就是那些漂亮的童話般的沿海建築，被這裡的藝術家用石膏作成了大大小小的可以掛在牆上的飾品；還有一種用藍色玻璃製成的「幸運眼」。據說製作工藝是從古希臘時期流傳下來的，質樸漂亮，很有愛琴海的風格，希臘人相信它能給人帶來好運。

回望沙灘，有男男女女正在享受天體浴，孩子們在細軟的沙灘上縱情嬉戲……地中海式的享受以及愛琴海式的夏天所帶來的懶散和閒情逸致，在米克諾斯島淋漓盡致地表現出來。

餐廳傍海而建，遊客可以一邊享用美食，一邊享受海景，讓習習海風吹散心頭的煩憂，完全沉醉在愛琴海的美景中。

太陽城

失·落·的·幻·想·國·度

在 北美的荒漠中,美國人建立了偉大的賭城拉斯維加斯;而在非洲的叢林中,南非人以同樣的激情建成了一座奢華的奇蹟,它的名字叫做「太陽城」。

Sun City

🏛 **地理位置**
非洲

🛏 **天堂名片**
「失落之城」、
皇宮大酒店

在 非洲有這樣一個古老的傳說:傳說在西方擁有文明之前,曾有一支生活在中非的遊牧民族,他們在一個名叫「太陽之谷」的神秘地方建造了一座空前偉大的城市。這座城市無比絢麗與奢華,令人神往。然而,這座舉世無雙的城市卻因一次突如其來的大地震而永遠地消失了,後人也因此稱這座城市為「失落之城」。

時間到了西元1978年,南非的億萬富翁梭爾·科斯

🎬 太陽城並非傳統意義上的城市,而是一座24小時開放的大型主題娛樂場。城內有各種讓人流連忘返的高級娛樂場所,營造出如夢似幻的幻想國度。人們所能想到的高端娛樂項目,在這裡全都可以找到。

納決定追尋這一傳說，重建這座「太陽之谷」的奇幻城市。他耗鉅資在南非第一大城市約翰尼斯堡西北方187公里處開始了自己的追夢計畫，著手打造了一座集度假、餐飲、娛樂、賭博於一身的非洲「拉斯維加斯」，並將其命名為「太陽城」。

　　為全面再現古代傳說中的奇幻城市，梭爾·科斯納又於1990年追加8.3億元的巨資，向城中移植了120萬株植物，打造出了一座集人工雨林、沼澤、海洋、溪流等各種自然景觀於一體的超豪華度假勝地。至此，傳說中「太陽之谷」的「失落之城」終於重現人間。

　　「太陽城」自建成以來，就吸引了全世界的目光。這裡有世界十大酒店之一的六星級失落城皇宮大酒店，酒店內外設施極盡奢華，隨處可見具有濃郁非洲特色的雕塑與裝潢，活脫脫一座非洲城堡；有可供遊客衝浪的人造海洋，人

太陽城中的六星級酒店不但內部裝飾奢華無比，服務之周到也令很多來客大開眼界。

造海浪可達2公尺高；還有世界級的高爾夫球場，經常會有世界頂尖的高爾夫球手到此練習；以及隨處可見的仿古石門、斷柱，甚至還有為還原「失落之城」而建造的「時光之橋」，橋身每隔1小時就會發出「轟隆轟隆」的巨響，把遊客仿佛帶回那個城市瞬間「失落」的時刻。當然，「太陽城」最著名的還是賭場，各式各樣的賭博機、紙牌、輪盤、巴克拉等等應有盡有，把人引向無限的瘋狂。

　　「太陽城」是今天南非最為著名的旅遊點，每年接待來自世界各地多達300萬的遊客。追求極致享受的你不可以錯過這座曾經的「失落之城」，這座「讓夢想照進現實」的奇幻樂園──「太陽城」。

佛蒙特

油◆畫◆般◆美◆麗◆的◆秋◆天

火 紅的楓葉將佛蒙特裝扮得有如油畫般美麗，如夢如幻。

Vermont

🏛 地理位置
美洲 美國

🎬 天堂名片
火紅的楓葉

新 英格蘭地區的秋景非常美麗，以佛蒙特最為突出。群山疊疊，楓林茂盛，農莊及獨特的風雨木橋和小鎮上白色教堂的點綴，使佛蒙特的秋景聞名於世。每年9月下旬，世界各地觀賞和拍攝楓葉的遊客都會蜂擁而至。

比之美國，佛蒙特的楓葉更讓人想起加拿大，那個愛極了楓葉以至在國旗上都要畫下楓葉的國家。秋天的佛蒙特不是枯黃的，也不是頹廢的，而是絳紅的、熱烈的。《阿甘正傳》的末節，阿甘從麥浪滾滾的大陸東岸跑到滿目紅葉的詹妮農莊，那個鏡頭是唯美的，也就在

🎬 佛蒙特的楓葉在秋天來臨時，開始演繹色彩變幻的魔術，逐漸由綠變成黃，再變成橙黃，變做淺紅，再變做深紅，最後變成暗紅色，從枝頭飄落下來。

那一刻，佛蒙特的秋天征服了億萬人的眼睛和心靈，就用那些在冷清的深秋裡有著火一樣顏色的楓葉。

在中國古代詩人的眼裡，秋天太悲傷了，「悲哉，秋之為氣也」。受此影響，現代的人們也喜歡寫一些無端地悲秋的句子，對於這，我們似乎不好說什麼，因為這是一個民族的文化對這個季節達成的一致意象，但在佛蒙特，情況似乎完全不同了。佛蒙特的秋天是葉子的生命盛裝綻放的最後一季，帶著就義般的勇氣，它們穿上嫁娘的衣裳，把自己掛上最高、最顯眼的枝頭。秋風來了，白露來了，寒霧來了，甚至霜雪也來了，可又能怎樣？那葉子只是從開始的綠變做黃，變做橙黃，變做淺紅，再變做深紅，最後變做凝血樣的暗紅才肯從枝頭離開。不得不說，佛蒙特的葉子為它的秋天平添了更多熱烈激越的氣氛，而不再是蕭殺。

佛蒙特的楓葉紅起來的時候是具備十足的節奏和美感的。一片樹葉的顏色自然不消說有著漸變的規律，就是在緯度和地勢的高低變化間也顯出微妙的層次感來。「人間四月芳菲盡，山寺桃花始盛開」表現的是同一地區裡物候差池的美感，地勢不同造成的寒暖不齊正是這種差池的原因，楓葉紅起來也是這樣的。北部早寒，在佛蒙特同加拿大接壤的土地上，楓葉最先變紅，以後便向南漸漸地推進，這種推進基本上是以每天往南10公里的速度進行的。在這種推進的鋒面陣線上，葉色的景致是穿插在一起的，因而也是最漂亮的。試想一下吧，南面還是嫩黃，北面就已經赫然紅透，而在交界的地方則出現了第三種讓人莫辨黃赤的顏色，像極了兩軍交鋒廝殺作一團的場面。有山的地方，就在一山之間表現出這樣的顏色梯度來，以至於遠遠看去，就像是給山巒穿了一條赭

色的裙子，從裙子的流蘇往腰身處色調越來越暖，以至最後像一團火焰般就要燃燒起來了。

　　10月末的時候，葉子變紅的活動就接近尾聲了，此時放眼觀望，好一派「萬山紅遍，層林盡染」的大好景象。楓樹在佛蒙特的功用不僅僅在於為人們提供紅葉的景致，還可以採楓糖，不過這要等到春天。在春天，新生的楓葉也是嬌紅的，只不過不是那樣剛烈，而是略顯柔弱。這個時期，農民們割開樹皮提取樹汁，再熬煉成楓糖，原材料和產品的投入產出比在40：1左右，發明這一辦法的是印第安人。

　　佛蒙特以火紅的顏色知名天下，這與它的名字是相悖的，因為佛蒙特在法文裡的含義是「綠山」，或許是因為那個為這地方取名的人來的太不是時候吧。佛蒙特沒有海岸線，它的景致就集中在山巒和內湖中。青山是名副其實的青山，山體的95%都被覆以蔥鬱的林木，踴躍著呈南北走向，少有人在山區居住。琛彼安湖在首府伯靈頓的邊上，是度假消暑的好地方，可以蕩舟，可以游泳，可以漫步，可以垂釣，每年有很多年輕人趕來這裡度蜜月。

　　紅穀倉、白房子，自然而略顯頹敗的柵欄，費許多木材打造的廊橋，這個州有太多東西表現出非美國的美來，以至於讓佛蒙特在濟濟50州裡是那樣出眾，這裡是帶著法國人的精神和英國人的傳統的鄉下，鄰近紐約卻遠離政治。

　　選一個9月，打點好你的行囊和心緒，去佛蒙特吧，去那裡寫詩、喝酒，或是愉快得盡情享受人生。

在佛蒙特，生活就像一幅畫，更像一首詩。

大馬士革

天·國·裡·的·城·市

正如阿拉伯古書中寫的那樣:「人間若有天堂,大馬士革必在其中;天堂若在天上,大馬士革必與它齊名。」

Damascus

🕌 地理位置
亞洲 敘利亞

📖 天堂名片
老房子、
清真寺

擁有4000多年歷史的大馬士革是一座美得恍如仙境的城市,從古老的拜占庭帝國、塞爾柱帝國、阿拉伯帝國、花剌子模、伊兒汗國,到帖木兒帝國時代,大馬士革一直被譽為「天國裡的城市」。難怪古代阿拉伯人常說:「真主寵愛誰,就把誰安頓在大馬士革。」

大馬士革位於敘利亞卡辛山腳下一片廣袤的平原上,阿拉伯和古羅馬的統治者給這裡的人們留下了雋永的歷史和豐富的遺產。古城旁邊是一座石門,傳說當

🎞 棕櫚樹環繞下的清真寺聖潔而美麗。

年聖保羅就是從這裡進入古城的。阿瓦什河在城市邊緣流過，整個城市內外波光掩映，水路縱橫。兩旁一排排的白楊樹俊秀挺拔，還有散發出濃郁香氣的玫瑰，城市四周草綠花香。

這座城市至今還保留著成千上萬座老房子，它們不僅是城市的建築瑰寶，也成了大馬士革的特殊景觀之一。這些樓群依然延續著奧斯曼帝國時期的建築風格，神聖莊嚴而金碧輝煌。

每當夕陽西下，精緻淡雅的白色房屋和聖潔的清真寺在綠茵叢中互相掩映，落日的餘暉把整座城市染成一片金黃。此時從帶有濃厚伊斯蘭風格的清真寺的宣禮塔上傳來呼喚人們進行祈禱的聲音，那聲音蔓延開來，城市的大街小巷都充滿著濃烈的宗教氣息。大馬士革以其悠久的文化和歷史留給人們眾多的

虔誠的女孩站在倭馬亞清真寺前，默默地訴說著自己的心願。

神話故事，恬靜舒適和勃勃生機的自然環境給這座古城帶來了百花爭奇鬥豔的華美景象。

大馬士革是信仰宗教的名城，登上卡辛山頂俯瞰全城，可以看到如森林般蔥郁的清真寺的綠色圓頂和金黃色的尖塔聳入雲端。從教堂裡傳來的穆斯林的禱告和尖塔上發出來的悠揚鐘聲在這座古城上空迴響，讓人們的心靈變得純淨而聖潔。

也許是上帝偏愛這裡的子民，抑或是人類長久地鍾情於這片盛開著玫瑰的土地，才使得大馬士革這座古城4000年來一直保持著如此迷人的風姿。

杭州

世 · 界 · 上 · 最 · 美 · 麗 · 華 · 貴 · 的 · 天 · 城

西湖是一首詩，是一個流傳了千百年的故事。

🏛 地理位置

亞洲 中國

🛏 天堂名片

西湖

🎞 古往今來，美麗的西湖曾令多少文人墨客為之傾倒，為之讚嘆，因而才有了「欲把西湖比西子，淡妝濃抹總相宜」的千古絕句。

「上有天堂、下有蘇杭」是古往今來的人們對杭州這座美麗城市的由衷讚美，著名旅行家馬可·波羅在他的遊記中稱杭州為「世界上最美麗華貴的天城」，而這座天城又以美麗的西湖而著稱於世。

西湖是一幅天然山水畫，更是一首優美的情詩，一個美麗動人的故事。草長鶯飛時，蘇白兩堤桃柳夾岸。兩邊是水波瀲灩、遊船點點，遠處是山色迷蒙、青黛含翠。此時，你會為眼前的景色所驚嘆，甚至懷疑自己是否走進了世外仙境。

西湖美景四季都有，再華麗的辭藻都說不盡西湖的旖旎風光。陽春三月，草長鶯飛，煙柳籠紗；夏日荷花映日，接天蓮葉，水光瀲灩，山色空濛；秋天層林盡染，金桂飄香，三潭印月；冬日則暗香浮動，斷橋殘雪，遠山凝黛。無論你什麼時候來，都能領略到西湖不同尋常的風采。

最著名的莫過於西湖十景了。十景形成於南宋時期，圍繞著西湖分布，有的就在湖上，分別為：蘇堤春曉、曲院風荷、平湖秋月、斷橋殘雪、柳浪聞鶯、花港觀魚、雷峰夕照、雙峰插雲、南屏晚鐘、三潭印月。

蘇堤春曉被列為十景之首，北宋著名詩人蘇東坡留守杭州時就曾寫下「西湖景致六條橋，隔株楊柳隔株桃」的佳句。風光如畫的蘇堤自南而北，長達2800公尺，在蒼翠蓊鬱的花樹叢中，隱翳著映波、鎖瀾、望山、壓堤、東浦、跨虹6座古樸美觀的石拱小橋。漫步堤上，樹影搖曳，人影綽綽，恍如進入了神仙幻境。

屹立橋頭，各有風景：映波橋與花港公園相鄰，垂楊帶雨，煙波搖盪；鎖瀾橋近看小瀛洲，遠望保叔塔，別有一番景象；望山橋上西望，丁家山青翠蓊鬱，雙峰插雲，巍然入目；壓堤橋的位置正在蘇堤南北的黃金分割點之處，「蘇堤春曉」景碑亭就在此橋南邊；東浦橋則是湖上觀日出的最佳點之一；跨虹橋雨後看長空彩虹飛架，湖山一色，如入幻境。

蘇堤景色晨昏各異，四時不同，其中最富詩情畫意的自然是春曉。此時漫步蘇堤，只見柳絲輕揚，碧桃吐豔，十里長堤彌漫在綠煙彩霧中，枝頭上傳來幾聲鶯啼。此情此景，怎能不使人神迷心醉？

曲院風荷以夏日賞荷為主題，承蘇堤春曉而居西湖十景第二位。這裡大小荷花池中栽培了上百個品種的荷花，其中最迷人的要數風荷景區。這裡以水面為主，分布著紅蓮、白蓮、重台蓮、灑金蓮、並蒂蓮等名種荷花。蓮葉田田，菡萏妖嬈。水面上還架設了造型各異的小橋，人從橋上走，如在荷中行，人倚花姿，花映人面。

迎薰閣是專為遊人憑高賞景而建造的好去處，登閣遠眺，可將「接天蓮葉無窮碧，映日荷花別樣紅」的美景盡收眼底。清風徐來，荷香陣陣，沁人心脾。

岳湖景區則是保存了清代康熙帝題書的「曲院風荷」景碑小院，那塊景碑是僅存的兩塊康熙西湖十景原碑之一。

雨中的西湖是最美的，此時的它輕盈、迷蒙、空靈，水如鏡，橋如虹，一葉扁舟煙雨中，就如同一幅揮灑淋漓的淡彩水墨畫。朦朧煙雨中，輕舟過處，聲如琴韻。置身其中，宛入仙境一般，塵世中所有的無奈、憂傷與黯淡全都湮沒在這煙一樣的細雨中。

撐一把美麗的油紙傘漫步在蘇堤上，飄逸的雨絲似乎可以浸潤一個人的心情，滌蕩一個人的靈魂。無涯的細雨，洗去了漫天的塵埃，洗淨了浮華，洗淨了愁緒。此時你什麼也不用想，只需全身心地去感受此情此景，靜靜地去享受一份大自然帶來的恬靜和安然。

杭州是女性化的古城，於是在心中細數記憶中的女性，西施、蘇小小、白娘子……這個城市的性格確是因為女人而成就的。其實，杭州的景物也能使人聯想到女性的溫柔。蘇堤春曉的嫵媚，平湖秋月的溫柔，柳浪聞鶯的嬌氣。「雲山已作蛾眉淺，山下碧流清似眼」，是在寫景，也是在寫女人。的確，杭州的花情柳意、山容水貌，婀娜嫵媚，無不透露出女性特有的溫柔和美感。杭州的柔媚還在於它的精緻和細膩，仿佛是下凡的仙女，穿著一身爽滑的綢緞，長髮飄逸；又像是鮮嫩欲滴的水果，令人垂涎欲滴。

百年前的杭州女子在閨中吟詩作畫，今天的杭州也依然在精緻中顯出浪漫和詩意。一個人跑去西湖邊吹風，可以抱一本書在涼亭裡看一個下午，也可以和愛人徘徊於西湖的每處景點或是漫步於杭州城內清淨的街道或者小巷中，感受著杭州的魅力，尋找流失千年的浪漫萍蹤。

蘇堤春曉，為西湖十景之首。蘇堤貫穿西湖南北，是宋朝蘇軾任杭州知府時所建。堤上有映波、鎖瀾、望山、壓堤、東浦、跨虹六橋，古雅動人。（上圖）

花港觀魚，因魚而得名。池內數千尾錦鯉群聚爭食，追逐嬉戲，景象蔚為壯觀。（右圖）

雷峰夕照，位於西湖湖南、淨慈寺前的夕照山上。每當夕陽西照，晚霞鍍塔，亭台金碧，美不勝收。（下圖）

陽朔

時·光·流·轉·之·地

YangShuo

🏯 地理位置
亞洲 中國

🛏 天堂名片
灕江、西街

如何揮霍難得的假日？真希望是在陽朔，是在西街，是在灕江，是在劉三姐的歌聲裡……似乎只有在這裡才能感受到假日的幸福，那是個時光流轉，令人有著無限憧憬的地方……

「**桂**林山水甲天下，陽朔堪稱甲桂林」。既然已到陽朔，陽朔的山水定是要細細品味的。西街的盡頭就是舉世聞名的灕江。江水是碧綠的，是綠茶般清雅的顏色，只要坐在江邊，就會覺得清爽。江面雖寬，水流卻不急，天空的雲朵行進得也很慢，在山與水之間灑下各種造型的陰影，仿佛天空與江水也感染了這裡的閒散氣氛，不忍向前。

山是那麼柔和，水是那麼秀美，在江水邊，叫人忍不住懷疑時光已經停止流轉或是已經流轉了千年。

沿著水邊來到興平老街，這裡的一切都讓人帶著回憶的目光。道路不是最古老的，卻能引起人們對兒時鄉間的回憶——舊得似乎要被歲月消磨掉的青石路，路邊有小狗旁若無人地啃著骨頭。

老街兩邊有許多老人，他們逕自半閉著眼睛抽煙，對於過客們好奇的目光毫不理會。而橫七豎八的電線穿過街心，把街巷分割得有點凌亂，麻將的聲音不絕於耳，悠閒的狗似乎比人還多，不時回頭看著過客們，然後見怪不怪地與不知從哪裡冒出頭的小貓追逐嬉戲起來。

如此平淡而祥和的老街，住在這裡的人很滿足地生活著，而路過這裡的我們，穿街走巷，從喧囂中走出，仿佛回到了童年。這樣樸實的地方，是一個回到過去的夢境。

穿過老街，登上遊船，近距離接觸灕江，才發現江水看上去很深，但仍然看得見水底的植物和卵石。那近乎透明的淺綠，乾淨得叫人懷疑江中的魚兒能從這麼潔淨的水中自己蹦出來。

灕江的山水在眼前緩緩而過，各種形象的山峰石像一一呈現，講述著許多美麗的傳說。柔山秀水，流光飛舞，幾隻鳥兒不時掠過天空，為遊人們的眼前增加一道美麗的風景線。山上的綠樹裹著淡淡的水汽，偶爾一兩塊暴露出來的赭紅色山體上，有幾個攀岩的人在岩間躍

晚霞漫天，漁舟唱晚，別有一番詩情畫意。

🎬 華燈初上，陽朔西街在夜色中散發著誘人的風情，讓人沉浸在快樂的氛圍裡。（上圖）

🎬 月亮山是陽朔境內的一大奇景。山高230公尺，山頂石壁如屏，當中一洞穿透，宛如一彎新月，故而得名月亮山。（左圖）

🎬 陽朔的灕江景區，全長48公里，人稱「百里灕江，百里畫廊」。宛如碧羅帶的灕江蜿蜒於蒼翠雄奇的群山之間，江邊翠竹叢叢，村落屋宇掩映，構成了一幅酣暢淋漓的山水長卷。（下圖）

動。風景在你眼中，你亦是別人眼中的風景。

遊完灕江，在沉醉中回到陽朔，體驗小資生活的人們開始在西街遊蕩。西街上以酒吧居多，也有許多賣各色藝術品的門面，這裡是陽朔最熱鬧的地方。百年的青石板路上，不同膚色的人們，懷著相同的迷夢走到這裡。時光在這裡的流轉不再古樸，而是鍍上了一層美妙的金光，悠閒不只印在每個人的心裡，也掛在每個人的臉上。

西街不愧是洋人街，說「這裡的外國人比中國人還多」，也不算誇張。大概是因為外國人比較多的緣故，西街的古董店也很多，木雕、徽章、古碗等等小玩意兒應有盡有，一條街就像是一個博物館。在這裡用心尋找，不要計較到手的是不是真正有年頭的古董，即使是些仿製品，也能帶給你有趣的體驗。

在西街，經常有人在街邊表演高難度的耍棍，會看得人們目瞪口呆，仿佛歷史課本中介紹的民俗，突然活生生地出現在你的面前。如此新奇的東西在身邊靈光閃動，如穿梭時空，帶給人滿心歡喜，越走越興奮。

而夜晚在西街，隨著燈火迷離，在酒吧、水吧、餐吧裡的夜生活，則是另一種享受。無論是外來的烤雞還是本地的糖醋魚，即使做法不那麼專業，但配上兩瓶灕泉啤酒，伴著搖曳的燈光，就是無上的美味了。

吃飽喝足，游魚一般遊蕩在西街。晚上的西街有音樂相伴，來點溫柔而驚艷的邂逅也不是什麼不可能的事情。半夜裡從酒吧出來，來到街面上，從街頭到街尾，到處都是人，有醉著的，有快樂的，有憂鬱的，有剛來到的，也有準備離去的，在隱約的歌聲裡聽到自己的腳敲擊地面的啪嗒聲……這一瞬間，心靈在西街流浪，讓人看到真實的自己。

麗江古城

人◆在◆畫◆中◆遊

在今日的都市生活中，麗江所蘊涵的納西文化特有的沉靜悠遠的人生睿智，已經成為隔世之音，蕩然無存。於是，來麗江度假就成為都市文化的一種回歸，成為現代都市人的一個田園美夢。

Old Town of Lijiang

🏛 地理位置
亞洲 中國

📖 天堂名片
四方街、
納西古樂

麗江古城又叫大研鎮，始建於南宋，是歷史上茶馬古道上的重要樞紐。據說「大研」二字實際上是「大硯」的諧音。因為古城依山傍水而建，四周青山環繞，城內綠水長流，而西北處又有幾座孤山高聳入天，形似一塊巨大的硯石，故而稱之為「大硯」。

古城的中心是四方街。所謂四方街實際上就是一個小廣場，四四方方，好似一顆府印。據說，四方街是古代麗江木氏土司讓人仿照其印章，建成的一個露天集市，取意「中鎮四方」，是古城權力的象徵。

麗江古城以四方街為中心向四方輻射，四周店鋪、客棧環繞，沿街逐層外延，構建成縝密而又開放的格局。大街小巷排列有序，街路繞著水路，水路繞著街路，就這樣糾糾纏纏了幾百年。青色的石板，已經磨得光亮，平坦著，起

浮著，曲折或是順勢成坡。這裡沒有一輛車，沒有交通燈，只有水聲，只有陽光，甚至腳步聲也被青石悄悄地消解。

四方街東西兩面都有流水，靜靜地流過街邊的居民區。泉水在石板條下潺潺流淌，時而穿牆過屋，時而流出地面，又忽然「倏」的一聲就消失得無影無蹤。這種類似江南水鄉的景致是高原城市裡所少有的。涼風習習的四月天，泉水旁的桃樹、櫻花樹、玫瑰花樹都開滿了鮮花，把水道點綴得五彩繽紛。水聲帶著生活的節奏，帶著生命的氣息，湧動著古城、古街的靈氣。

麗江的景致，很容易令人想起元曲裡膾炙人口的《天淨沙》。只是馬致遠心中的古道、小橋、流水、人家，在枯藤、老樹、昏鴉、瘦馬的陪襯下，經西風吹拂，夕陽西照，顯得悲壯淒切。而這裡的古道、小橋、流水、人家在白雲悠悠的藍天下，經燦爛的陽光渲染，便洋溢著江南水鄉般清新秀麗的古樸神韻。

沿著古老的街市在麗江古城內慢慢逡巡，那流水的清音一直迴響在你的耳畔。走在窄窄的巷道裡，似乎漫步在悠長的歷史空間之中，自己的心緒

則在歷史與現實的交錯中逐漸迷失，不知所往。

街市的路面是用麗江出產的五花石鋪砌而成。石上花紋圖案自然雅致，質感細膩，與整個城市環境十分協調。鋪路用的五花石，不知是何年何月來到古城的，經世人幾百年的踩踏，塊塊石頭光滑可鑒，流光溢彩。

麗江城內遍布的是鱗次櫛比的瓦頂老式木房屋，溪水穿城而過，柳樹下婦女洗衣、淘米的圖景隨時可見，一派「家家臨溪，戶戶垂柳」的高原水鄉風貌。踏在石板路上，雖非生在明清，卻已遊走在古人天地間。剎那間竟有一時恍惚：這個古城竟是活的。

時至今日，穿梭在麗江古城縱橫交錯的街巷中，聆聽著朝夕的市聲，仍然能夠想像當年商賈雲集的盛況。凝神細聽，似乎仍然能夠聽到山間急驟的馬蹄聲，從遠古的時間隧道中向我們傳遞著歷史的迴聲。我們還可以看到這樣唯美的畫卷：晨曦微露，伴隨著馬幫悅耳的鈴聲，四方街開始了忙碌的一天；待暮色已合，四方街仍在迎候著遲來的客人。

在這裡，一口井、一座橋、一對門聯……都在訴說著一個動人的故事。現在的麗江天天人來車往，川流不息，卻沒有金錢的俗氣，透著一股溫文爾雅、靈氣四射的感覺，與自然渾若一體，讓人疑為天地之造化。觸摸這裡的古董、銅器，穿梭於街鋪之間，不禁浮想聯翩，古情幽幽。如果能品嚐到納西族老媽媽做的傳統涼粉，簡直就舒服到心裡去了。

🎬 黑龍潭位於麗江城北象山腳下，潭水清澈碧透，依山傍水而建的仿古建築點綴其間，更增添了幾分古韻。

灕江的水，來自玉龍雪山的千年積雪，堪稱
是「世界上最清澈純淨的水」。

白天，麗江的人們載著各種各樣的物產進入大街小巷，挑擔子的、牽馬匹的、背背籮的、手提肩扛的，構成了一幅流動的風俗畫卷。在悠閒的氛圍下，每個遊客都步履輕鬆，悠哉隨意，邊走邊歇，慢慢地觀賞著石板路兩旁的小店掛著各式各樣的手工藝品：刻有象形文字的木雕、做工精美的銀飾、富有民族特色的背包……

日薄西山，叫賣聲、喧嘩聲逐漸遠去，街上留下一片映著皎潔月光的青石板。粗陋的石條接納著溫柔的月光，以清寥而孤寂的姿態，靜坐在亙古不變的一片清輝中。聽著泉水唱著搖籃曲，看著天上星星明明滅滅，一天就在靜謐而安詳中結束了。夜闌人靜，麗江古城被月光灑滿，跳動著納西族輕靈飄逸的風韻，充滿了濃厚的民族文化氣息。

有時，夜晚會呈現出不同的面貌。四方街上會點起營火，納西族人和遊客們就圍著營火，伴著納西樂，跳起簡單的納西舞步。不管穿著古老的傳統服裝或是現代的T恤牛仔，仿佛都沒有了界線，不分你我了。

在月夜聆聽納西古樂是最能領悟麗江古城雅趣的事情了。納西古樂是音樂的精魂、音樂的活化石。麗江因為有了古樂而有了底蘊、有了高雅、有了文化品味。月夜聆聽古樂最浪漫、最溫馨、最恬靜。

水渠邊、柳樹下、石橋旁，一陣陣笛弦交融、箏琴悅耳的樂曲聲響起，樂師們吟唱起來，只覺得天地之間充塞著一股莊嚴神聖之氣。夜幕下的麗江，月光瀲灩在古城小巷，渠水波光粼粼，岸柳樹影婆娑，月朦朧，古樂也朦朧。纏綿悱惻，哀婉動人，玄妙悠遠，古韻雅音，令人沉迷，讓人心醉，真是：「此曲只應天上有，人間能得幾回聞？」

坐在柳樹下，腳下是清澈的小河，遠處有石橋彎彎，紅色的紙風燈和燭光為遊人的臉龐染上紅暈。不經意間抬起了頭，月兒已經升到了中天，靜靜地掛在柳枝頭，安詳地看著這人世間的美景，一切仿佛都陶醉了。

除了月夜，雨中踏尋最能洞悉麗江的美趣。麗江的美不是濃豔盛妝、撲面而來的，而是不期而遇、不經意的，要你去找尋、去發現。雨滴把石板路洗刷得一塵不染，五花石的花紋，如一幅幅奇妙的山水畫鋪展在腳下，走在石板路上，恰似在畫中漫遊。這裡的小雨纏綿悱惻，幾乎不用打傘。雨絲飄在臉上，落入頸中，涼涼的，溫溫的，充滿女性的溫柔。沉寂下來的街上，許多微弱的燈光，慢悠悠地從古香古色的老房子裡擠出來，看著遍地的雨水嘩嘩流淌。

來這裡度假的人，就像誤入童話仙境的小女孩，處處都覺得美麗和驚喜。小橋、流水、青石板路、垂柳、馬燈、古樂……每一樣都是夢裡的思念。靜止的街道、悠揚的音樂，一絲絲、一寸寸鑽入耳膜，纏繞起一種渴盼多年的感覺。

麗江是一個會讓生命豐滿起來的地方。在這裡生活，傍水而居，看太陽一點點爬上湛藍如鏡的天空，待到晚上等太陽睡去，便和朋友一道坐在河邊，就著馬燈，品一杯紅酒，飲一盞月色，做一個河燈，送一個希望去漂流。這是一個最人性化的地方，笑容在這裡的陽光下一天天舒展。

昆士蘭黃金海岸

感·受·金·色·的·夢·幻·之·旅

如果你喜歡由明媚的陽光、金色的沙灘、湛藍的海水和浪漫的棕櫚林交織成的美景，追求衝浪的刺激、遊藝的趣味和體驗的新奇，那你一定不能錯過這裡——昆士蘭黃金海岸。

Gold Coast of Queensland

地理位置
大洋洲 澳大利亞

天堂名片
衝浪者樂園、主題公園、「天堂農莊」

陽光、沙灘、海浪，上帝為昆士蘭的海岸線賦予了無可比擬的浪漫；衝浪、農莊、主題公園，富有想像力的澳洲人又為這片海岸平添了無窮的夢幻色彩。正是這片只應天上才有的度假勝地，有著一個無比響亮且華貴大氣的名字——黃金海岸。

昆士蘭黃金海岸，位於澳大利亞東北部的昆士蘭州，緊鄰澳大利亞第三大城市布里斯本，是一條綿延約40公里、由數十個美麗沙灘組成的海岸線，因其金色的沙灘和美麗的景致而得名「黃金海岸」。在南半球亞熱

與愛人攜手徜徉於昆士蘭黃金海岸，心情同周圍的景致一樣充滿了詩意。

帶季風和洋流的共同滋養下，這裡的氣
候四季如春、陽光普照，金黃色的沙灘
細膩柔軟，湛藍的海水清澈通透，加之
海岸附近的食、宿、行、遊、購、娛等
設施一應俱全，使其成為了世界最為著
名的海岸度假勝地之一。每年都會有世
界各地數以百萬計的遊客慕名而來，專
程到此來享受這一片出自上帝偏心而造
的金色海岸。

　　與世界其他著名的海岸不同，昆士
蘭黃金海岸最大的特色是其極為優越的
衝浪條件。由於獨特的地形構造，昆士
蘭黃金海岸的海浪澎湃有力，勇往直
前，近海海浪的平均高度可達兩三公
尺。如果遇到大風，海浪會更為洶湧，
浪濤迭起的景象也更為壯觀。這些都為
衝浪運動提供了極為優越的天然條件，
也使得黃金海岸成為了全世界衝浪愛好

赤著腳，在黃金海岸細軟而溫熱的沙灘上踢
足球，是許多孩子的終極夢想。

者的第一樂園。

　　每年，在黃金海岸都會舉辦世界級
的衝浪大賽，來自各國的衝浪高手彙
聚於此，激浪在這片金色的海岸。而
如今，整個黃金海岸最為中心也是最
為熱鬧的地段，也正是一處稱做「飆
網者樂園」的沙灘。在這裡，每天從
早到晚都會有無數的衝浪愛好者，或
男或女，有老有少，抱著自己心愛的
衝浪板到此搏擊風浪。每當一個浪頭
打來，由遠而近，你總會看到有矯捷
的身形踏浪而行，在浪卷中穿梭；當
浪頭逐漸減小了些，則有性感的少女
和可愛的孩子伏在衝浪板上，隨浪推
送而來。海中有激浪的人群，沙灘上

143

「海洋世界」主題公園中巨大的摩天輪，為喜愛驚險刺激的遊客提供了一種超級體驗。

則是享受日光浴的對對情侶和踢球、嬉戲的孩子們。這此起彼伏的交響正是黃金海岸無限活力的寫照。

　　當然，如果你並不滿足於衝浪的快感，昆士蘭黃金海岸還有兩大與眾不同的特色——主題公園和「天堂農莊」等待你去體驗。在黃金海岸附近分布著許多各具特色的大型主題公園，其中比較著名的有華納電影世界、海洋世界及夢幻世界等。在這裡，你可以與螢幕上的各種英雄角色合影，體驗「雲霄飛車」、「海浪搖滾」等刺激十足的遊樂項目，邂逅各種大洋洲原生的陸上動物和海洋生物，可謂內容豐富，精彩紛呈，老少咸宜。而在另一處名為「天堂農莊」的地方，你則可以近距離親身體驗澳大利亞本土的傳統生活方式，親自動手來剪羊毛、擠牛奶、烹煮比利茶，還可以觀看馬術和牧羊犬驅趕羊群的特色表演。另外，農莊裡怎麼能少了澳大

利亞最受歡迎的小傢伙——無尾熊和袋鼠呢？你可以近身去撫摸甚至餵食這些澳大利亞獨有的小生命，看著乖巧可愛的牠們與你互動，又有什麼樣的煩惱拋不掉呢？

　　除此之外，你在昆士蘭黃金海岸還能享受到澳大利亞最為高檔的住宿和餐飲服務。在澳大利亞最奢華的六星級酒店范思哲酒店，通體義大利風格的裝潢極盡典雅富麗，讓你如同置身於文藝復興時代的輝煌時光。而在餐飲方面，黃金海岸的各色美食涵蓋了地中海、歐洲、亞洲等多種風味，你甚至還可以品嘗到澳大利亞獨有的由袋鼠和鴯 做成的美味。

　　「你想要的，在這裡都可以得到滿足。」感受金色的夢幻之旅——這裡是昆士蘭黃金海岸。

碧海、藍天、陽光、沙灘，來到這個「衝浪者的天堂」，你的心情會在瞬間燦爛起來。

倫敦

古◆樸◆的◆不◆列◆顛◆風◆情

「一個人如果厭惡倫敦，他就厭惡人生，因為倫敦有人生能賦予的一切。」18世紀英國文壇泰斗撒母耳‧約翰遜，曾這樣描繪倫敦。

London

🏛 地理位置
歐洲 英國

🛏 天堂名片
白金漢宮、
倫敦塔

美麗的泰晤士河孕育了英格蘭的燦爛文明。河流綿延300多公里，28座風格各異的橋梁把兩岸連成了一片，大不列顛及北愛爾蘭聯合王國的首都─倫敦便橫跨在這條不列顛的生命線上。因為霧之朦朧，反襯出這座千年古城延續至今的一份神秘和悠遠，於

🎞 在倫敦著名的古城堡倫敦塔上，至今還能看到身穿傳統的都鐸王朝制服、頭戴黑色熊皮帽的衛兵英姿颯爽的身影。

晨曦中的倫敦，籠罩在一層淡淡的薄霧之中，顯得和諧而又寧靜。

是「霧都」之名不脛而走，漸漸成為了它為世人熟知的一個側影。

倫敦城的歷史，大抵可追溯到西元50年左右。當時強盛的羅馬帝國入侵不列顛，沿泰晤士河築起一座兵站港口，這是它作為城市最早的雛形。7世紀時，倫敦曾一度因為羅馬帝國的覆滅而慘遭遺棄。後歷經歲月千百年的滄桑磨礪，到了17世紀，倫敦已經發展成為了英國乃至於全歐洲最為繁盛的大都市。這裡有著太多與帝國往昔的光榮緊密相連的細節，絲絲點點，無時無刻不在顯露著有異於歐洲大陸的別樣風情。

倫敦是優雅、莊重而又略顯呆板的。這不僅僅體現在紳士和淑女們終其一生雷打不動的「下午茶」時間上，更體現在那些遍布大街小巷、動輒便已超過百年歷史的老店裡。不論外面世界如何變遷，它們都仿佛渾然不覺，永遠在固執地重複著先人們已經重複過太多次的動作和節奏——吃的也好，穿的也好，同樣的口感，同樣的質地和做工，恍然間，不禁會讓人有種重回到維多利亞女王執政時代的錯覺。也許，所謂的貴族氣息，便正是因為這樣的重複，才能得以流傳至今吧！

　　也正因其歷史悠遠，今天的倫敦擁有著無數令遊客心馳神往的名勝古蹟。

　　位於倫敦聖詹姆斯公園西端的白金漢宮始建於1705年，曾充當紀念堂、美術陳列館、辦公廳和藏金庫之用，1802年改為王宮建築，至1837年維多利亞女王繼位而正式成為王室官邸。白金漢宮素以典雅、神秘而著稱於世，生活在其間的王室成員的日常行止也一直都是本國百姓乃至全世界所關注的焦點。現在，這座雄渾壯觀的建築已經向遊客開放，只是規定在夏季，遊客才可以進入它的西翼稍作遊覽。

　　著名的倫敦塔從1078年建成至今，已經伴隨著這座古城度過了太多令人難以忘懷的歲月。在它的圓頂地下室裡，收藏有歷代英國國王的皇冠和珠寶。其中，「帝國皇冠」上有3000顆熠熠生輝的寶石，「皇杖」中央的「非洲之星」寶石重達530克拉，更有被稱為「黑王子」的紅寶石，都是舉世聞名的稀世珍寶。看著這些光彩依然的珠寶，不禁令人再度回憶起那個帝國曾經的顯赫與傲慢。只是現在，這些象徵昔日輝煌的故物，卻只能靜靜地存放於倫敦塔中，一如門前那些依然身著古代軍服的管理人員，保有的是一份傳統，卻早已經失去了百年前飛揚跋扈的神氣和驕狂。歷史車輪之無情且不可抗拒，由此可見一斑。

　　當然，也許此時，你的心情也因為略顯憂鬱的倫敦

塔而越發凝重起來。那麼，離開古堡，去逛逛倫敦著名的波多貝羅、格林威治和康登市集吧!這是倫敦存在於現實中的一面。流連於繁華喧囂的街頭，經常可以看到一些身穿黑色長袍的少年巫師，這是《哈利波特》的書迷們正在趕往小說中的重要場景──國王十字車站聚會。《哈利波特》如今已成為了倫敦的名片，每天都有來自世界各地的哈迷們不遠萬里來到這個車站朝聖，在那裡留下自己踏足魔法世界的紀念。

而泰晤士河畔的倫敦仿佛永遠都是古老的。那些人們熟悉的建築和行走其間的人群都在散發著一種濃濃的「古樸味道」。你不妨去街邊的書店、咖啡館坐一坐，領略一下倫敦古樸陳舊的味道。因為只有這些不起眼的小地方，才是最能演繹出純正不列顛風情的所在。

從維多利亞女王時代至今，白金漢宮一直是英國王室的府邸。與一般守衛森嚴的宮殿不同，白金漢宮的一些地方是長期對遊人開放的，而且每年8月和9月女王訪問蘇格蘭期間，遊客還可以進入皇宮內的19間國家廟房參觀。

雄偉壯觀的英國國會大廈依泰晤士河而建，倫敦的標誌性建築物大本鐘就位於議會大廈的北角。鐘樓高79公尺，四面的圓形鐘盤直徑為6.7公尺，堪稱「碩大無朋」。大笨鐘自1859年投入使用以來，每逢整點都會發出洪亮而悠遠的鐘聲。

慕尼黑

活·力·四·射·的·啤·酒·之·都

這裡是啤酒的天下。這裡有世界上最早的啤酒大學；這裡有世界上第一家啤酒廠；這裡有世界上最大的啤酒館；這裡到處都是撐著陽篷的啤酒屋；這裡是世界上人均消費啤酒量最多的地方……

Munich

🏛 **地理位置**
歐洲 德國

💼 **天堂名片**
瑪利恩廣場、
啤酒節

慕尼黑是巴伐利亞州的首府，也是德國南部最著名的旅遊城市之一。它位於中歐進入南歐的交通要道上，歷史悠久，是一座清新而典雅的藝術文化名城。

800年前，亨利公爵開始建造慕尼黑城，使這裡逐漸發展成為德意志南部最瑰麗的宮廷文化中心。19世紀初，巴伐利亞國王路德維希一世在這裡興建了大量的古典風格建築。此後的100年間，慕尼黑迎來了它的黃金時期，藝術家群集而至，使它成為了歐洲著名的城市。慕尼黑經歷了歐洲近代歷史上的許多重大事件。第二次世界大戰前夕，希特勒率領衝鋒隊逮捕了當地的長官，製造了著名的「啤酒館政變」，從此開啟了一個法西斯獨裁時期。戰爭結束後，慕尼黑的輝煌戛然而止。

現在的慕尼黑就是一個博物館，收藏著數不盡的文明。經過800年的累積，名人的足跡和中世紀風格的古建築早已遍布慕尼黑的古城區。走進這座城市，仿佛走入了歐洲的建築博物館，歐洲各個時期的代表建築風格都相容於此，哥德式、古羅馬式、巴洛克式古建築應有盡有。麥西里米安宮、德意志博物館和阿爾卑斯博物館都是享譽世界的博物館。

在慕尼黑傳統的旅遊項目中，聽鐘樓的鐘聲是不可或缺的一項。在慕尼黑市中心著名的瑪利恩廣場北面，坐落著市政廳鐘樓。這座著名的哥德式建築，在每天上午11時50分報時過後，鐘樓上會簇擁而出12個漂亮的洋娃娃，載歌載舞，但是到了12點洋娃娃馬上就會停下來，非常有趣。

在古樸的外衣下，慕尼黑流動的是活躍的血液。對於嚴謹甚至保守的德國而言，慕尼黑是個異類，它自由而前衛，時刻充滿了輕鬆、歡樂的氣息，代表的是德國人性格中不同的面向。慕尼黑啤酒節把這裡變成了一個國際旅遊度假勝地，每年啤酒節期間，都有大批的遊人爭相湧入慕尼黑。

舉世矚目的慕尼黑啤酒節，源於一

慕尼黑的啤酒店一般都很大。每到啤酒節時，這裡人山人海，熱鬧非凡。

個美麗的婚禮。1810年10月12日，巴伐利亞王儲路德維希親王與薩克森－希爾登豪森王國的特蕾澤·夏洛特·戴麗絲公主舉行了盛大的婚禮。國王約瑟夫決定為此舉行為期兩天的慶祝活動，並下令在慕尼黑的四個固定地點向全體平民免費供應膳食，以示恩典。為了給婚禮助興，王國的騎兵衛隊還在慕尼黑西南的一個大草坪上舉行賽馬活動和射擊比賽。後來，那個草坪就以新娘「戴麗絲」的名字命名了。此後，隨著以釀製啤酒而馳名的慕尼黑不斷發展壯大，慕尼黑啤酒節已成為世界上最大的、最古老的啤酒節。一轉眼，慕尼黑啤酒節已經快200歲了，但依然活力四射。

現在的啤酒節是從9月末開始，到10月的第一個星期日結束，歷時16天。因此，整個秋天都成為了慕尼黑的旅遊旺季。如今，啤酒節已發展成為世界上最大的民間節日。2000年，啤酒節上來自世界各地的遊客多達700萬，喝了600萬升啤酒，吃掉了32萬根香腸和60萬隻烤雞。啤酒節最大的魅力在於，它為全世界的人提供了一個盡情狂歡的舞台。在這裡，人與人之間沒有人種和語言的區別，沒有貧賤之分，手捧一杯啤酒，就可以融

在慕尼黑啤酒節開幕當天，還要舉行盛大的花車遊行，身穿民族服裝的姑娘和小夥子在花車上載歌載舞、縱情狂歡，將節日的歡樂氣氛推向了高潮。

入這個狂歡的浪潮。

啤酒節的會場就是一個大型的遊樂會場，高聳的摩天輪下是熙熙攘攘的人群，路旁排列著賣烤雞、麵包和香腸的小鋪，當然還有不可或缺的、永遠也喝不完的啤酒。

啤酒節期間，在巴伐利亞特色的啤酒花園裡，還會舉辦豐富多彩的音樂會、卡丁車賽以及各種各樣的露天市場和絢麗的焰火表演。在這裡，不論男女老少都可以盡情享受啤酒的芬芳，盡情享受節日的喜悅。

當然，對於一個以啤酒命名的城市而言，每年一次的啤酒節是遠遠不夠的。每年春季的烈性啤酒節和迷你啤酒節同樣是慕尼黑的亮點。德國人喜歡烈性啤酒，乃至在民間流傳著這樣的說法：「慕尼黑一年中有五個季節，春夏秋冬和烈性啤酒季。」

瑪麗恩廣場是慕尼黑最熱鬧的地方。每年在基督降臨節前的星期五17時，慕尼黑市長都會在瑪利恩廣場上宣布聖誕市場開張，每年也都會有一個高達30公尺用2500支蠟燭裝飾的聖誕樹矗立在廣場上。

茵斯布魯克

茜·茜·公·主·的·皇·家·小·城

Innsbruck

地理位置
歐洲 奧地利

天堂名片
古老而美麗的
宮殿、施華洛
世奇水晶

在茵斯布魯克，古老與活力是相融的，人們生活在這裡，既可感受到現代時尚的脈動，又能盡覽古老歷史的餘韻，尋找到心中某些遺失的思緒。

茵斯布魯克本意為「茵河上的橋」，正好坐落在茵河之畔。茵河載著阿爾卑斯山上積雪的融水流淌而過，為這裡帶來陣陣清新的空氣。15世紀，哈布斯堡家族開始居住於此，這個被馬克思稱為「全歐洲舊勢力中最頑固的王朝」的權力與版圖也正是從這裡開始走向巔峰。由於哈布斯堡家族，茵斯布魯克得以發展成為整個奧地利的中心，見證了幾個世紀的榮辱興衰。

今天，昔日的皇親貴戚早已化為歷史的煙雲，但是他們留下的輝煌壯麗的宮殿，依然閃耀著舊日的榮華。為了紀念馬克西米利安一世訂婚而建造的黃金屋頂上，3450塊金箔銅板在陽光下熠熠生輝，分外奪目；文藝復興時期歐洲最美麗的宮殿阿姆布拉斯宮中，歷史的藝術品與軍事器械平分秋色，從美與戰的不同角度講述著人類的故事；霍夫堡皇宮中仿佛能夠看到當年茜茜公主的衣香鬢影；安娜紀念柱上閃耀著抵禦外族侵略的民族自豪；凱旋門昔日迎接遠嫁而來的公主，如今向廣大的遊人敞開。街道上更是隨處可見各種古典風格的建築，哥德式、巴洛克式、文藝復興時期的樣式鱗次櫛比，相得益彰。漫步在這樣透著歷史氣息的建築之中，抬頭便能看到阿爾卑斯山上積年的白雪，耳畔響起一陣清脆的馬蹄聲和車輪滾動的聲音，讓人恍惚之中仿佛穿越了時空，回到了中世紀。

茵斯布魯克在保留著驕人的歷史遺跡的同時，並沒

有陷在祖先的陰影之下，它始終充滿著生命的活力。如今，這裡是一座恬靜安然的大學城，座座校園中飄蕩出書卷的香氣，引得奧地利主教也於此駐留。舉世聞名的施華洛世奇水晶店總部也落戶在這座小城，依山而建的廠房與自然風光渾然一體。靡麗的水晶，剔透晶瑩，光線與音響等現代手段的裝點，造就出的是一派奇幻瑰麗的童話世界。

在茵斯布魯克，我們或許無意間就會踏上哈布斯堡王朝馬克西米利安一世的足跡，不經意間就會置身於茜茜公主曾經流連的小森林。在這個童話小城，美人已逝，但芳魂猶存。

綿延的阿爾卑斯山、古老的城堡、繽紛的野花，在茵斯布魯克，一切都充滿了浪漫的氣息。

佛羅倫斯
古·韻·濃·郁·的·翡·冷·翠

不管你是不是藝術家,即使對藝術一竅不通,到了佛羅倫斯,都會沉浸在濃郁的藝術氛圍中。

Florence

🏛 地理位置
歐洲 義大利

💳 天堂名片
維琪奧橋、
佛羅倫斯大教堂

佛羅倫斯是一首詩,而且是下著濛濛細雨,撐一把油紙傘走在深深的小巷裡,然後用發黃的信紙寫下的一首情詩。於是有人叫它「翡冷翠」,在蒼茫的托斯卡尼區,佛羅倫斯顯得更加高貴、婉約。

15世紀～16世紀歐洲最著名的藝術中心就在這裡,這是一個歷史悠久的城市,文藝復興最初的曙光從佛羅倫斯升起,並且大放光彩。無論在建築、雕塑、詩歌還是繪畫方面,都達到了前所未有的繁榮。這裡的人們為佛羅倫斯這塊古代文藝的聖地而驕傲。

漫步在佛羅倫斯的街巷裡,可以發現這座城市的美是世界上獨一無二的。置身於雕像林立的廣場,置身於那些優雅的古建築群,自然美景和藝術的浪漫渾然一體。仰望著巍峨的宮牆,馬車經過所留下的清脆鈴聲在那條石頭鋪就的古街道上迴蕩,像是進入了一座充滿濃郁宗教色彩和古老文化氣息的中世紀城堡。

佛羅倫斯給人的印象無非是這樣的,精緻而孤傲。街道兩旁到處是面積狹窄的小店,燈光昏暗,看上去根本分不清哪個是新開的,哪個是百年老字型大小。很多人從小店前匆匆走過,就像走過漫長的歷史,走過粗糙的紅磚綠瓦。藝術家幾乎可以隨時選擇一個地方,畫一幅色彩絢麗、濃墨重彩的油畫。

這些店面看起來極其普通,卻代表了佛羅倫斯前衛的行業精神,每個工匠都充滿藝術細胞。佛羅倫斯到處都是藝術家,於是在這裡任何人說話都帶著義大利特有的驕傲,似乎在年輕的小鞋匠的眼睛裡,也可以看到藝術家的高貴和浪漫。沒有人認為佛羅倫斯的東西賣得昂貴,也沒有人懷疑這裡的服務品質,因為來佛羅倫斯找的就是這樣一種感覺,來自義大利的狂熱和高貴。

天空中的濛濛細雨好像就是專門為佛羅倫斯準備的,出行時帶把油紙傘,即使不打開,攥在手裡也是一種浪漫。於是很虔誠地從每一條小街道上走過,文藝復興時期的小作坊氣息撲面而來。

古老而寧靜的阿爾諾河橫穿整個佛羅倫斯，中間有7座精美的小橋相連。其中維琪奧橋是佛羅倫斯最古老的橋，600多年的雙層建築依然堅固如初，典型的廊橋，曾經是隔岸碧提王宮通往烏菲茲宮的走廊。這座飽經滄桑的古橋建於古羅馬時期，像一條「空中的走廊」。但它之所以出名並不全在於它的傳奇歷史，更重要的是因為這裡曾上演過一個詩人版的「廊橋遺夢」。

相傳，那是一個春光爛漫的上午，陽光在阿爾諾河上跳躍，煽情的粼粼波光把河上的廊橋和橋畔的行人映襯得更加光彩奪目。但丁從廊橋的一頭走來，此時，在廊橋的另一頭，一位美麗而純情的少女在侍女的陪伴下迎面走來。兩人在橋上邂逅了，但丁注視著少女，目光驚喜而又悵然；少女手持鮮花，但她仿佛沒有看見但丁，徑直走了過去。從亨利·豪里達的油畫《但丁與貝特麗絲邂逅》中卻可以看到少女貝特麗絲臉上泛起的潮紅。

後來貝特麗絲被迫嫁給了一位伯爵，不久就夭亡了。但丁一直愛戀著她，永志一生。這樣的哀傷和思念，成就了他早年的大批詩作。詩人對於愛情的執著感

黃昏中的佛羅倫斯流露出無比嫵媚的神色，令人動容。

動著一代又一代追求真愛的人們,那種固執在這個時代更顯得珍貴。也因為如此,廊橋吸引了無數青年在這裡漫步,領略著那詩歌般的愛情真諦。

橋的兩旁是上百年的義大利小店,從這裡能窺望到阿爾諾河對岸的米開朗基羅廣場,那是年輕的戀人們常去的地方。廣場中央聳立著巨大的米開朗基羅的《大衛》雕像的複製品,情侶們在此相會,大衛成了他們的守護神。大衛還守護著從前美第奇家族的住所——維琪奧王宮,走上去可以看到米開朗基羅的名作《勝利》,生動地再現了當年大師的執著和狂熱。即使對宗教不感興趣或對藝術一竅不通,也沒有關係,在這樣的作品面前,任何人都會激動。

離開廣場,順著琳琅滿目的小店門前的街道向前走,可以看見外牆用粉紅色、綠色和白色的三色大理石砌成的佛羅倫斯大教堂,其特殊的氣質和偉大的

🎬 歐洲最著名的藝術中心，有著超越一切的美豔和繁華。

🎬 城市中的橋和屋完美地結合在一起，油畫般的色彩，古樸而典雅的建築，一切都宛若人間仙境。

羅馬式建築之美足以成為佛羅倫斯的代表。教堂中央的圓頂是布魯內勒斯基花了14年建造的第一座文藝復興式圓頂，而佛羅倫斯大教堂這史詩般的偉大工程前後用了150多年。登上旁邊82公尺高的喬托鐘塔，俯瞰浪漫的佛羅倫斯古城，真有點指點江山的氣魄。

也許佛羅倫斯本身就是一個神話。文藝復興時期的歷史潮流融入到身邊的空氣中，漫步在終年潮濕的古老小巷，或者去參觀金碧輝煌的教堂和博物館，與達·文西、米開朗基羅和拉斐爾相聚在1506年的佛羅倫斯。正是因為這些偉大的藝術家，這座城市的任何一個角落都充滿著藝術的浪漫。朦朧中好像聽見徐志摩的腳步聲：只當是一個夢，一個幻想；只當是前天我們見的殘紅。

天上下著濛濛細雨，看得到卻感覺不到，也聽不到。也許只是一個動人的傳說，將美麗的佛羅倫斯帶到有雨的夢裡。

西西里島

私·奔·者·的·天·堂

如果不去西西里島,就如同沒有到過義
大利——因為只有在西西里島,你才
能找到義大利的美麗之源。

Sicily

地理位置
歐洲 義大利

天堂名片
陶爾米納小鎮

在喜好電影的人心目中,西西里島總是帶有一種情
竇初開的浪漫意味。在那部朱塞佩·多納托雷的傳
世經典影片《真愛伴我行》中,女主角瑪蓮娜的美貌、
成熟、性感、高貴以及坎坷的命運,都凝結在默默暗戀
她的年少的男主人公的眼中。影片中展現的濃重熾烈的
浪漫主義風格,在取自義大利西西里島的美景的烘托
下,顯得更加醇厚而令人回味。

西西里島四季如春,風光
旖旎,不僅有古希臘和古羅馬
的遺跡,還擁有現代化的旅遊設
施,將自然風光和人文風光完美
地融合在了一起。

西西里島位於義大利亞平寧半島的西南，是地中海面積最大的島嶼。這裡氣候濕潤，有起伏的山地丘陵，也有沿海的平原，歐洲最大最活躍的火山埃特納火山也坐落在島上。作為海島，西西里島風景秀美，物產豐富，島上盛產柑橘、檸檬，沿海則出產沙丁魚和金槍魚。

小鎮陶爾米納坐落在西西里島的一座山上，這裡一面是大海，一面是懸崖，小鎮建築在層層山石之上。每當夜晚來臨，萬家燈火聯結起漫天繁星，讓你分不清天上人間。陶爾米納的氣候溫和宜人，四季如春，漫山是盛開的檸檬和香氣襲人的橘樹林，綠草如茵的原野上，點綴著雪絨般細小的野花。小鎮的大街小巷上，隨處可見沐浴在金色陽光下的居民，有嬉笑遊玩的兒童，也有三五成群圍坐閒聊的老人，儼然一幅安寧美好的義大利油畫。

美麗的島嶼孕育美麗的文化。古羅

與相愛的人一起「逃」到西西里島，躲開塵世的紛紛擾擾，給愛情一塊純淨的土壤。

馬、古希臘等風格交錯的建築，老城裡斑駁的教堂，都展現出西西里島濃厚的文化韻味。義大利的抒情詩在這裡發展，近現代小說家維爾加、皮蘭德婁從這裡走出，島上時而可聽到充滿浪漫氣息的流行歌曲，還有極其逼真的木偶戲，讓你走進西西里島，就仿佛走進了義大利文明的畫廊。

無論是那陽光下金色的海岸，還是那古樸濃郁的義大利老街，以及穿梭在街市中的那些俊男靚女，無不散發著迷人而浪漫的純正義大利的味道。正因如此，美麗的西西里島早就成為了年輕的男女心中的愛情聖地，他們逃離城市喧囂，來到這「私奔的天堂」，享受在幽靜海島中的熱戀。就連風華絕代的一代影后伊莉莎白·泰勒，也曾和她的男友私奔到此，熱戀、纏綿。

卡薩布蘭卡

任•時•光•流•逝

Casablanca

🏛 地理位置
非洲 摩洛哥

📷 天堂名片
白色的房子、
老咖啡館、
電影《北非諜
影》（又譯作
《卡薩布蘭
卡》）

卡薩布蘭卡，一個很適合懷舊的城市。每一座建築，每一條巷子，甚至是街上原住民的舉手投足都帶著一種被歲月打磨後的神采，給人一種驚豔的感覺。

卡薩布蘭卡——因為一部電影而名揚天下，電影把這座名不見經傳的城市渲染得淒美絕倫。如果你尋覓的是悱惻纏綿的戀情，請去卡薩布蘭卡；如果你所要的是片刻的銷魂浪漫，請離開卡薩布蘭卡。因為它是愛情的信仰之地。

40年前的一部《北非諜影》，就是以這個地方作背景，一個盪氣迴腸、賺人熱淚的愛情故事，帶出這邊遠城市的迷人風韻，令每個觀眾腦海中都升起了海市蜃樓，亦幻亦真……

🎬 卡薩布蘭卡主題酒吧的規模、擺設和營造的氣氛和影片中的里克夜總會總會相差無幾，不同之處是裡面擺放了一部放映機，牆上掛滿了《北非諜影》的劇照。酒吧裡時時迴蕩著《時光流逝》的動人旋律。

精美別緻的酒具，色彩繽紛的玻璃杯以及托盤裡散發著淡淡清香的花瓣……即使是一個小的細節，你也能感受到卡薩布蘭卡的浪漫。

卡薩布蘭卡這個名字是西班牙語，意思是「白色的房子」。而卡薩布蘭卡留給人最深的印象就是白色，無邊無際的白色構成了城市的主色調，與遼闊蔚藍的大西洋交相輝映。一幢幢白色的建築掩映在綠樹鮮花叢中，一座座清真寺，古香古色、雄渾壯觀。鑄鐵的陽臺，溫柔敦厚的圓弧狀線條，雪白的高牆大院映襯著棕櫚樹的枝葉，自有一股舊殖民地所特有的閒情逸致。

從穆罕默德五世廣場出發，沿著呈輻射狀的道路去觸摸卡薩布蘭卡的各個角落。古老的王宮、陵墓、博物館、水族館、傳統手工藝市場均是遊客雲集的地方。卡薩布蘭卡的老城區洋溢著一股濃濃的古韻，街道狹窄，房屋低矮，店鋪成片，作坊毗連，商攤密密麻麻，叫賣聲、吆喝聲、討價聲此起彼伏，偶爾有人騎著駱駝從街上走過，仿佛是一個中世紀的阿拉伯街市。

夜燈次第亮起，炊煙從海邊的白房頂上飄出來，消散在溫煦的海風中。在這晝夜交替、時光流轉之際，陽光下的卡薩布蘭卡黯淡下去了，連同那些明媚、鮮亮的顏色——藍的天空、白的房子、紅的地毯、黃褐的土牆，男男女女身上五顏六色的衣袍一一失去了它們耀眼的色澤。此時的卡薩布蘭卡，讓位給了某種更為凝重的、幾乎是黑白電影般的情緒，就像那部令人難忘的《北非諜影》——有著某種渴望、某種困惑以及某種莫名的感慨。

遊走在卡薩布蘭卡，想必找尋的便是電影《北非諜影》，其實不需要結果，找尋的過程就是對愛情的體味。凱

卡薩布蘭卡市內的哈桑二世清真寺於1993年建成，主體工程建築面積2萬平方公尺，可同時容納10萬人做祈禱。因有1/3面積建於海上，清真寺的25扇自動門全部由鈦合金鑄成，可抗海水腐蝕。同時，它的屋頂可啟閉，寺內大理石地面常年供暖，堪稱「世界上現代化程度最高的清真寺」。

🎞 白色的建築與翡翠般的馬賽克裝飾，將卡薩布蘭卡裝扮得宛如童話中的純美世界。

悅酒店裡設了一個「卡薩布蘭卡」的主題酒吧。在那裡可以選擇法國式的奶咖啡，也可點一杯摩洛哥人喜愛的薄荷茶。咖啡是舊日法國殖民地的歐陸情調，薄荷茶則是地地道道的北部非洲風情，使人聯想到陽光、沙漠、綠洲和棕櫚樹。這兩種味道迥異的飲料恰好代表著卡薩布蘭卡的雙重性格。當唱片裡的杜利‧威爾遜悠悠吐出「As time goes by」（時光流逝）這句歌詞，酒吧裡所有人臉上不約而同地流露出了一絲恍然若失的神情。聽這樣一首輕曼 而又浸著淡淡幽怨的老歌，恐怕沒有比卡薩布蘭卡更合適的地點了吧？聽著五六十年前的懷舊音樂，閑坐窗前看卡薩布蘭卡的車水馬龍如電影畫面般流轉不息，任杯中的牛奶沫和薄荷葉聚散沉浮……

卡薩布蘭卡景點不多，但哈桑二世清真寺是首選的景點。它有2/3的面積是建在蔚藍的大西洋上，像一隻正待駛向大海的白色航船，迎著海風，迎著晶瑩的海浪。船身鑲滿了精緻而繽紛的花紋，這可是一萬名工匠用時五年才完成

的。它的噴水池、拱廊、每扇門都是裝飾藝術中的精品，令人看了目眩神迷。它有個世界最高的宣禮塔，塔高210公尺。禮拜大殿從宏觀結構到最細微的裝飾處處體現著摩洛哥民族特色，可容下2.5萬名信眾。打開屋頂，迎入陽光，信仰就融入蒼穹。

卡薩布蘭卡有迤邐的海岸依偎著蔚藍的大西洋，城東北20多公里的穆罕默迪耶沙灘細軟潔白，海風輕拂，海水幽靜得像淑女一般。陽光下，細浪泛起片片白沫，輕輕地撫摸著岸邊的土地、岩石。日落時分，海浪雖然仍在岸邊蕩漾，發出均勻而輕微的拍打聲，但隨著暮色加深，海浪越退越遠，大片大片的沙灘上漸漸露出白色、褐色、深黃色的岩石。大西洋海面的船隻，燈火點點，遠遠望去，恰似天空中的星星在夜色裡閃爍。

如此佳境，誰能不醉？

肯亞

失·落·在·東·非·大·草·原·上·的·愛

奧斯卡獲獎電影《遠離非洲》描繪了發生在非洲大陸上一段淒美的愛情故事。彌漫著淡淡憂傷的唯美畫面，女主人悠悠的畫外音，那最終隕落在大草原上的刻骨銘心的愛，發出一種召喚，吸引著無數遠方的遊客踏上這片神秘的土地。

Kenya

🏛 地理位置
非洲

🎞 天堂名片
樹頂旅館、
肯亞山

當汽車在肯亞馬賽馬拉無邊的草原上行駛時，低矮的丘陵綿延起伏，寬廣的草原一望無際，巨大的金合歡樹和波巴布樹散落其間，馬拉河的眾多支流縱橫穿越。這片美妙絕倫的風景構成了獅子、大象的家園，是當地的馬賽人的家園。在這裡，安靜是對大自然最好的尊重。

🐦 灰冠鶴的頭上有金光閃爍的羽冠，能在樹上棲息。它們的舞姿優美動人，鳴聲輕柔清亮，深得肯亞人的喜愛。

在漫天晚霞的背景下，優雅的長頸鹿和美麗的金合歡樹構成了一幅剪影般的畫面。

在肯亞，有動物最集中的棲息地和最多色彩的荒原。獅子、獵豹、大象、長頸鹿、斑馬等各種野生動物生生不息。在這裡可以看到成群結隊的斑馬與南非羚羊在車周圍奔跑；非洲野牛奔跑時激起的塵土與大象緩緩行進的步伐相映成趣；地上乍一看以為是石頭，仔細一看原來是幾隻匍匐不動的旱龜；隨著一聲低沉的吼叫，草叢中會突然竄出一兩隻獵豹與豺狗，令你驚出一身冷汗。

要想真正地感受大自然的魅力，體驗住在野外的感覺，可以去阿巴爾德拉自然保護區內的樹頂旅館，這裡大概也是全世界唯一一家建在樹頂上的三星級旅館。1952年，英國伊麗莎白公主在肯亞旅遊時就住在樹頂旅館，隨後傳來她父親喬治六世去世的消息。第二天，伊莉莎白就返回倫敦登基，因此人們說伊莉莎白上樹時還是公主，下樹時便成了女王。這幾間小小的房子因此聲名遠播，可惜卻在一次大火中燒毀。1954年，人們在原址的對面建起了現存的樹頂旅館。

這是一座離地面10公尺，高約21公尺的三層建築，完全採用木質結構，由幾十棵粗壯的樹木連接而成。這些作為房柱的大樹有的還穿過樓層向天空繼續生長，枝繁葉茂。旅館的樓梯也是用一棵大樹盤旋而上，非常別緻。旅館的底層是餐廳和酒吧，上面兩層是客房，裡面的陳設都是用原始木料製成，共有70多張床。北側的一個房間裡陳列著伊莉莎白當年睡過的那張床。旅館的屋頂有一個大露臺，遊客在此遠眺，能看到非洲第二高山——肯亞山白霧覆蓋的山頂，那冰清玉潔的世界讓人精神為之一爽。低頭俯瞰，則可以看到成群的野牛在水塘裡打滾，大象從架空的二樓下面穿行而過。除了這些，在樹頂旅館住宿還可以欣賞到一項特別的表演，每到夜晚，旅館的工作人員就會打開專用的探照燈，照亮樓下一處空地表演給大象餵食鹽。工作人員把鹽灑在地上後，早就在那裡等待的幾十頭大象就會爭先恐後地用鼻子將鹽捲進嘴中，直到鹽被吃盡還久久不願離去。

金色的陽光下，披著豔麗斗篷的馬賽人在草原上生活了千百年。在這裡，人與自然、人與動物之間的和諧相處孕育出了獨特的原始文化。電影《遠離非洲》中的女主人凱倫在丹尼斯死後走出了她一直生活的非洲，回到了自己的故鄉，從此再沒有踏上非洲的土地。雖然沒有再回來，但曾走過的路，經歷過的一切，卻一直留存在她的記憶中。草原上日出日落，高大的金合歡樹下棲息著各種動物。徜徉在仙境般的草原上，感受著原始氣息的同時，可以使久居都市的現代人忘記一切壓力與煩惱，完全融入到奇妙絢麗的大自然風光中，感受到一種真正的放鬆與解脫後的快樂。

身材修長、手持木杖的馬賽族是肯亞最具代表性的民族。圖1

夕陽下，兩隻獅子在遼闊的肯亞草原上盡情嬉戲。圖2

非洲獵豹是一個瀕臨滅絕的物種。從這對獵豹母子憂鬱的眼神中，我們依稀能夠讀到一絲孤獨與無奈。圖3

峰頂銀白、山腰翠綠的肯亞山，是肯亞最美麗的地標。圖4

塞倫蓋蒂草原

流·動·的·狂·野·與·美·麗

塞倫蓋蒂，在馬賽語中的意思是「永遠流動的土地」。如果說這世上在自然與神靈之間有一種人類永遠無法介入的地帶，那就是塞倫蓋蒂草原。

黃昏時分的塞倫蓋蒂大草原顯得靜謐而溫馨。

在150萬公頃的廣袤草原上，數以百萬計的角馬、羚羊、水牛浩浩蕩蕩地狂奔而來，踏過稀疏的荒草地與乾涸的河流，驚天動地的腳步聲響徹大草原，仿佛古戰車轟隆而過一般。野生動物的大軍，看不到首，也看不到尾，流動的身影與蒼穹連成一片，野生動物與非洲這片神秘的土地毫無間隙地融合，那種原始的野性與生命的狂放帶來的震撼，是人類無法用言語來形容的。

塞倫蓋蒂，這個美麗的名字意為「永遠流動的土地」，名字的得來也許正源於每年野生動物群落大遷徙的壯景。

塞倫蓋蒂草原位於非洲東部坦桑尼亞境內，包括塞倫蓋蒂國家公園和馬薩伊瑪拉野生動物保護區，東臨東非大裂谷，向西伸入維多利亞湖，北部是肯亞的馬賽馬拉自然保護區，南部是馬斯瓦狩獵區。

塞倫蓋蒂草原是一個名副其實的草原生態系統，在這裡，生長著世界上最大規模的動物部落：35萬隻斑紋角馬，16.5萬隻湯姆森羚羊，13萬隻斑馬，2.7萬隻達馬鹿，1.8萬隻駝鹿，1.5萬頭埃塞俄比亞疣豬，還有幾千隻大角斑羚、水羚、長頸鹿，以及它們的天敵——數千隻獅子、獵豹、斑紋鬣狗、狼……眾多珍貴的野生動物在此繁衍生息。因此，世界上很多國家的生態紀錄片，包括人們熟悉的電視節目《動物世界》，多是取景自塞倫蓋蒂，並且一拍就是二三十年。

在這個多樣而複雜的生物圈中，完好地保存著物競天擇、適者生存的生態規則。所以，你既可以看到「動物中的紳士」長頸鹿慵懶地伸著脖頸遠望，也可以看到珍貴的黑犀牛臥在草間休憩，還可以看到成群的羚羊為了躲避獅子的追趕而拚命地奔跑，甚至角馬在渡河時被鱷魚撕咬而發出嚎叫的慘像。這裡的生態景象並不都美好，但是異常真實，那種來自原始生命的狂野與奔放，在形態各樣的畫面中展露無遺。

在塞倫蓋蒂草原上，最壯觀的景象當屬每年

七八月份野生動物的集體遷徙。盛夏是塞倫蓋蒂草原的旱季，大批的食草動物要從中央平原遠渡到西部濕潤的地區尋找水源。角馬、斑馬、羚羊等群落往往排著十幾公里長的隊伍，在蒼涼的大草原上奔馳前行；而獅子、獵豹等食肉動物為了伺機覓食，也緊隨其後。遷徙的野生動物數量極為龐大，形成了世界上絕無僅有的奇景。

　　這一季節，也理所當然地成為塞倫蓋蒂草原最吸引遊客的時期。住進草原上火山口頂的旅店，隔著窗戶拍攝河岸邊徘徊飲水的野牛，緩慢笨重而又顯得悠然自得的非洲大象；到了黃昏，站在懸崖邊觀賞金色的晚霞，在圓木建造的高臺上搭一個簡易帳篷，等待黑犀牛、獵豹等夜行動物的出沒；如果喜歡冒險，也不妨深入灌木叢中，與自由自在的動物近距離接觸，野外宿營就更加激動人心了，只是要格外提防凶猛動物的襲擊——總之，除了塞倫蓋蒂，你絕找不到另一個去處，能如此貼近地體驗野生動物的世界；而來到了塞倫蓋蒂，就要盡情地放縱、撒野。

成千上萬的火烈鳥聚集在一起飲水、休憩，將整個湖面裝扮得分外妖嬈。

除了狂野的一面，塞倫蓋蒂草原也有著令人驚豔的美麗。生活在草原上的300多種鳥類，用精緻的身影點綴了塞倫蓋蒂的粗獷。在火山爆發形成的山地附近，通常能看到淙淙流水的河流和湖泊。當你遠遠看去，水面上就彷彿鋪滿了鮮豔的花朵，走近以後，你才發現那是聚集在水域的無數火烈鳥。它們淡紅色的身體與優雅的翅膀，在黃色的草木與藍色的水面的映襯下，顯得愈加溫婉動人。而當無數的火烈鳥飛翔起來時，在天空中連成一片，又好像火紅的朝霞一般，真有一種靜如處子、動若脫兔之美。

塞倫蓋蒂草原是這樣一片土地，它的野性吸引你親近，而你又是那麼怕驚擾它的生活，所以時時想要與它保持一段距離。站在塞倫蓋蒂草原的火山口，迎著輕輕的山風，一個人靜靜地凝望荒涼的原野，你會相信，如果說在自然與神靈之間有一種人類永遠無法介入的地帶，那麼，它已經在你的腳下。

哈瓦那

快·樂·無·處·不·在

加勒比海上的古巴首都哈瓦那具備了一切可以成就快樂的條件，海水、沙灘、雪茄、蘭姆酒和充滿激情的夜晚。這裡是一代文豪海明威的歸棲地，他在這裡度過了生命中最後的22年。還有摩托騎士切·格瓦拉……這一切都讓哈瓦那散發著無窮的誘惑。

Havana

🏛 **地理位置**
美洲 古巴

🚢 **天堂名片**
總督府、國家
飯店、充滿激
情的夜晚

🎬 古巴嘉年集會是古巴最大的祭奠活動，其歷史可以上溯到奴隸制盛行的時代。現在的嘉年集會上，古巴人載歌載舞，盡情狂歡。

古巴人對「哈瓦那」的解釋是Mulata（黑白混血的女人）、Ron（蘭姆酒）、Fiesta（聚會）、Salsa（莎莎舞）以及最主要的Alegria（歡樂）。雖然這並非辭典上「哈瓦那」一詞的規範解釋，卻要鮮活形象得多。

一代文豪海明威曾經在哈瓦那生活了22年，他稱讚哈瓦那的美麗僅次於威尼斯和巴黎，是世界上最美的城市之一。海明威在哈瓦那居住的時候經常和漁民一起出海釣魚，而他最喜歡光顧的餐廳叫做Laterraza，在這裡海明威結識了老聖地牙哥的原型卡洛斯，寫下了《老人與海》這部不朽名著。現在Laterraza餐廳內還懸掛著這對老朋友的照片，如果運氣好還可以在這裡遇到當年為海明威開船的老漁夫，聽他講講那個海明威老爹的故事。

在遙遠的大航海時代，哈瓦那一直是西班牙探索新世界的重要跳板，四五百年的時間裡各式建築在哈瓦那自由生長、相互侵占直到自然頹敗，層層疊疊地集中在十幾平方公里的老城區內。老城內有各式各樣的博物館可以滿足遊人的獵奇心理，例如「對敵鬥爭博物館」內詳細介紹美帝國主義嘗試殺死卡斯楚的各種手段。當年的西班牙總督府如今也成了博物館，工作人員在收取賄賂後可以讓遊人去摸一摸當年西班牙總督用過的馬桶，一陣驚天動地的水聲，水直接從二樓沖到了一樓。老城區內很多房子都幾乎同樣古老，玻璃窗也是同樣的哈瓦那藍。在餐館露天的座位上吃著幾乎每家店都同樣味道

的飯菜，望著街上走過的衣著開放暴露的姑娘，也許這就是哈瓦那街頭文化的一個側面。

海灘附近宮殿般豪華的國家飯店見證了舊政府時期哈瓦那紙醉金迷的奢靡生活。1930年酒店開業時，無數美國的百萬富翁和古巴政要們紛紛光顧，社會名流也在這裡下榻。那時候美國還是《美國往事》裡描述的時代，在政府的禁酒令下，連續幾年，全美年度黑幫大會都在哈瓦那召開。今天當人們走進國家飯店的花園，仍能感受到當年哈瓦那作為一個國際娛樂中心時該飯店繁華的情景。

夜晚的哈瓦那明顯加快了節奏。對哈瓦那人來說，夜晚就是一個混合著Mulata與Ron，歡快地跳著Salsa，充滿Alegria的Fiesta。在著名的哈瓦那俱樂部可以一邊聽著現場演奏，一邊嘗試用蘭姆酒調配超過100種雞尾酒，舞池中的人們伴隨著音樂節奏隨意扭動著身體。每個古巴人都是天生的舞者，在夜晚的哈瓦那，隨時隨地都可以見到舞動的身影，聽到忽遠忽近、快慢不一的舞曲。

哈瓦那，具備了一切可以讓人快樂的條件，碧綠的海水、細軟的白色沙灘、雪茄、蘭姆酒，以及充滿混血激情的夜晚。飽經風雨的哈瓦那散發著一種狂歡過後的憂傷和些許懷舊的氛圍。這是屬於哈瓦那獨有的味道，就像巧克力包裹著一顆略苦的杏仁，甜中帶苦，回味中滿是醇香。

軍事總督府是殖民主義時期的建築，也是珍貴的歷史文物。

里約熱內盧

第 * 七 * 天 * 創 * 造 * 的 * 狂 * 歡

這是一座上帝建造的城市，它神奇而又莊重，奔放而又狂野。想領略南美純正的森巴熱浪，體會天堂與人間並存的世界，那就來里約熱內盧吧！

Rio de Janeiro

🏠 地理位置
美洲巴西

📇 天堂名片
耶穌山、
狂歡節

《**聖**經》上說，萬能的上帝用了六天的時間創造了天地萬物，到了第七天，上帝造物的工作都已完畢，於是就在第七天歇下了他的一切工作，並賜福給第七天，定為禮拜日，供地上的人們禮拜和休息。但巴西人卻不這麼認為，他們說：上帝在第七天並沒有停歇，而是凝聚了他的所有祝福，創造了里約熱內盧！

里約熱內盧是巴西的第二大城市和主要海港，也是巴西的經濟文化中心和昔日的首都。它位於巴西國土的東南沿海，面朝廣闊的南大西洋。作為世界聞名的旅遊

🎞 佇立於山巔的耶穌像身前與兩側為懸崖絕壁，可居高俯視里約熱內盧的每一個角落。巨大的耶穌像伸展雙臂，似乎要包容人間的一切哀喜悲歡。

城市，里約熱內盧有著依山傍水的秀美風光，但更著名的則是那裡熱情似火的風俗和神奇濃郁的宗教色彩。

這是一座與上帝有著千絲萬縷聯繫的城市，「上帝用六天創造世界，第七天創造了里約熱內盧！」如果說上帝賦予第七天的本意是讓世人休息和放鬆，那麼在第七天被創造出來的里約熱內盧，就凝聚了上帝的所有願望——這是一座不折不扣的「上帝之城」、「狂歡之都」。

兩個狂歡節中盛裝的舞者在路上相遇，開心地聊了起來，連大笑的姿態都如跳舞般優雅。

說里約熱內盧是「上帝之城」，是因為這座城市裡居住著數百萬虔誠的天主教信徒，也是因為那座代表了里約熱內盧的標誌性的耶穌山。你肯定無數次地在電視和報紙上看到過它：蔥郁環抱的科爾科瓦多山上，一座高38公尺的巨大耶穌神像佇立山巔。神像通體潔白，耶穌伸開雙臂，擺成神聖的十字架形狀。在陽光的照射下，神像散發出道道聖光，普照著山下熙熙攘攘的里約城。如果山中騰起濃霧，霧中的耶穌神像便更如神話一般展現在你的面前，仰頭望去，仿佛耶穌真的就在雲端俯視著這個世界。

除了神奇的宗教色彩，這座「上帝之城」也是一個神與人分野的世界：這裡有高聳入雲的摩天大樓，也有大片髒亂不堪的貧民窟；有富可敵國的商賈，也有貧困的窮人和暴亂的匪徒。貧富的極端懸殊讓里約熱內盧的社會分成了兩個世界，行走其中，除了小心謹慎之外，更會對來自上帝的安排多幾分感慨和嘆息。

然而，里約熱內盧更為世人熟知的是它作為「狂歡之都」的本色。在世界上信奉天主教的國家中，一般都有狂歡節，但若論規模最大、名氣最響、內容最豐富、氣氛最熱烈的，一定要屬在巴西里約熱內盧舉辦的狂歡節。

每年2月的中下旬，這裡便舉行為期三天三夜的狂歡盛典。里約熱內盧大街小巷張燈結綵、歌舞喧天，城中居民和外來的遊客個個濃妝豔抹，穿著熱辣或怪誕的服飾，傾城出動，湧上街頭。人們跳起奔放的森巴舞，扭動腰肢傳遞著心中極限的喜悅。

作為狂歡節的重頭戲，盛大的化裝遊行把整個狂歡節推向高潮，穿著豔麗服飾的南美佳麗簇擁著造型誇張的大型彩車穿過街道，彩車上由狂歡人群推選出的「國王」和「王后」從市長手裡接過金鑰匙，象徵就此打開歡樂的閘門，將所有的歡樂釋放出來。屆時，來自里約熱內盧14個森巴舞學校的10萬名舞者先後在森巴大道上展現舞技，圍觀的遊人隨著節奏強烈的音樂盡情舞蹈，沒有人能夠抵擋狂歡氣氛的感染。也只有在里約熱內盧這座「狂歡之都」，才能淋漓盡致地領略到巴西人熱情奔放的民族性格。

除了耶穌山和狂歡節，里約熱內盧還留給遊客形如麵包的「甜麵包山」、世界最長的跨海大橋之一尼泰羅依大橋，以及延伸長度世界之最的里約熱內盧的海灘。對了，這裡還是足球的王國，佛朗明哥等四支著名球隊彙聚於此。有人說，巴西人踢足球，都仿佛跳森巴舞一樣熱情豪放，讓人看足球比賽竟可以完全忘卻勝負結果，只是純粹地欣賞一種藝術。有機會的話，一定要臨場感受一次巴西足球的曼妙與狂野。

值得一提的是，里約熱內盧剛剛贏得了2016年夏季奧運會的舉辦權。如果你將旅行的目的地選在里約熱內盧，就不僅能領略南美熱浪的魅力，還能親眼見證這座新興的「奧運之城」的飛速變化。

🎞️ 里約熱內盧狂歡節大遊行，以其參加人數之多、服裝之絢麗，持續時間之長，場面之壯觀堪稱世界之最。

布宜諾斯艾利斯

春◆光◆乍◆現◆的◆慵◆懶◆之◆城

在 布宜諾斯艾利斯，你可以捨棄所有，
然後從頭開始。

在1536年1月，一支由1500人組成的西班牙探險船隊歷經艱難的跋涉，終於踏上了一片位於拉普拉塔河入海口西岸的廣袤高地。潘帕斯草原如絮的微風輕撫著這些訪客們一張張陌生的面龐，一切感覺都是如此寧靜而悠遠，漫漫旅途積累下的疲憊與憂傷頃刻間蕩然無存。於是，據說一位不知名的水手由衷地感嘆道：「多好的天氣！(西班牙語，直譯為布宜諾斯艾利斯)」從此

🎬 許多人是從「玫瑰宮」開始，慢慢愛上布宜諾斯艾利斯這個浪漫而唯美的城市。

這裡便叫做「布宜諾斯艾利斯」。

　　這是鑲嵌在阿根廷如畫境般優美的國土上一顆最為璀璨奪目的明珠。時至今日，這裡彙集著全國近1/3的人口，以及2/3的工業總產值。市內以街心公園、廣場和紀念碑眾多而聞名，此外還保留有幾個世紀前的西班牙和義大利風格的古代建築，因此有「南美巴黎」之譽。

　　布宜諾斯艾利斯以拉普拉塔河岸為基線，像扇面一樣展開，共劃分為五個主要的區域。一區以著名的五月廣場為中心。一條五月大街橫貫其間，始於東側的五月廣場，止於西端的議會大廈廣場。坐落在五月廣場的總統府，通體呈粉紅色，故稱「玫瑰宮」，是阿根廷建築師普利迪阿諾·普埃倫東在1856年的傑作。

　　玫瑰宮前方是莊重的大教堂，始建於1723年，內有民族英雄聖馬丁的陵

　　五月廣場上有成群的鴿子低飛漫步，一點都不怕人。也難怪，遊客們來來往往，都是過客，它們才是這裡真正的主人。

墓，以及自聖馬丁逝世一百周年伊始燃燒不滅的「阿根廷火焰」。火焰下的銅牌上寫著：「這裡安放著聖馬丁將軍和獨立戰爭中其他無名英雄的遺體，向他們致敬吧！」每年的獨立節和革命節，阿根廷歷屆總統和高級官員都會來此默哀。

　　廣場中心屹立著一座金字塔形的紀念碑，塔頂上的自由女神塑像是為紀念1810年布宜諾斯艾利斯人民爭取獨立和自由的五月革命而建。這裡還聳立著許多現代化的高樓大廈。世界三大劇院之一的科隆劇院也在這裡。劇院建於1908年，建築富麗堂皇，具有法國文藝復興時期的建築風格。這裡只演出歌劇和芭

蕾舞劇，或許正是阿根廷人骨子裡的那股執拗勁最好的證明。

被稱為「聖特爾莫區」的二區是布宜諾斯艾利斯的發源地和最早的港口。區內的紀念碑、教堂、雕塑、廣場，甚至一些餐館和民舍都充滿著神秘色彩，吸引著無數慕名而來的旅遊參觀者。

三區顯得寧靜而安逸。這裡離拉普拉塔河很近，建有許多博物館，還有被稱為「布宜諾斯艾利斯殖民時期建築之精華」的羅馬大教堂。同樣，位於城南海濱四區，也因為集居著大量的義大利移民，至今仍舊保留著不少來自異域的傳統習俗。

風光秀麗的五區又稱為「帕萊莫區」。這裡花草繁茂，湖水如鏡，街道寬闊。尤其是玫瑰公園，在春天來時各種玫瑰競相開放，色彩斑斕。區內的街心公園，建有許多著名的雕塑以及民族英雄紀念碑和解放共和國紀念碑。區內的植物園占地7.8萬平方公尺，號稱擁有幾乎世界上所有最為主要的植物。

香港著名導演王家衛的名作《春光乍現》中黎耀輝(梁朝偉飾演)工作的酒吧就在布宜諾斯艾利斯。搖擺的鏡頭，感傷的色調，梁朝偉與張國榮淋漓盡致的表演，讓很多人迷上了這個浪漫而唯美的城市。

布宜諾斯艾利斯的氣質是慵散而略顯頹廢的，這當然與構築這座城市的人的性格息息相關。數百年來，風塵僕僕的水手們總是如當初的西班牙探險者一般，在無盡汪洋的驚濤駭浪中渴望著回到那片蔚藍色的天空下，去感受它如家人般溫暖而寬容的擁抱。

因為他們，碼頭岸邊的小酒館裡總

這朵璀璨奪目的金屬鬱金香，是布宜諾斯艾利斯的標誌性雕塑。它位於布宜諾斯艾利斯的聯合國廣場的大水池中央，有五六層樓高。有陽光的時候，花瓣分開，成為盛開的花朵；無陽光的時候，花瓣閉合，成為待放的花蕾。

是徹夜燈火通明，空氣中洋溢著曖昧而輕佻的氣氛，一曲曲探戈仿佛永不停歇，盤旋著想要留住記憶裡每一個光彩奪目卻又註定無法永恆的瞬間。

當然了，我們對於布宜諾斯艾利斯的感覺始終是如此的遙遠，遠得仿佛世界的盡頭。一如王家衛在他的電影中所詮釋的那樣，去布宜諾斯艾利斯旅行，並不僅僅意味著一次單純的遠足，更多的，或許還是一份懷舊的感觸，一次對自我心靈孤獨與寂寞的放逐。

奈良古城

未◆曾◆黯◆淡◆的◆繁◆華

奈良，如果用一個詞來形容，那就是清靈二字。如此清靈之地，怎能錯過？

The Old City of Nara

地理位置
亞洲 日本

天堂名片
櫻花、鹿

奈良——一個古典的城市，如果非要找個與之相似的中國城市，那就是蘇州，清靈淡雅。這是一個有些舊了的，卻淡淡散發著詩意的古城。徐徐的閒適，似是脫離了這個日新月異的時代，卻又隱隱透出些許老城的驕傲，帶些繁華舊事的頹靡，叫人不敢褻瀆。

708年，元明天皇認為奈良四面環山、城外峰巒疊翠、草原廣闊，是一塊風水寶地，便頒發詔書，調集全

日本奈良的東大寺歷史悠久，許多建築及佛像、佛畫都是建築史和美術史上的珍品，具有很高的藝術價值。

經歷了千餘年歲月的洗禮，奈良歷練出一種沉靜、清靈的美。

國能工巧匠，大興土木，營建新城，並定名為「平城京」。平城京與當時的中國唐都長安相似，都是紅柱、綠瓦、白壁的宏偉建築。平城京曾先後作為七代天皇的國都，是這座城市歷史上的鼎盛時期，創造了天平時代文化。

日本著名作家志賀直哉曾這樣評價奈良：「今天的奈良只是過去的一部分。正如名畫殘缺一部分就顯得更加美麗一樣……」奈良的廟宇和藝術品在1200多年中，在一個僅有74年首都歷史的城市中保存下來，這些證明了這個古老首都曾有過的榮耀。

奈良城很小，你甚至可以步行或騎自行車遊遍奈良城的各個角落，主要景點都集中在鹿園內及其附近。奈良公園大道是必經之路，你會感覺分不清哪裡是公園，哪裡是城市街區。每一座民宅，每一座建築，都透著濃厚的傳統風韻，即便只是一個掛角，即便只是一個窗櫺，簡單之中卻透著工匠們鬼斧神工的魅力。

空靈的奈良古城，空氣中是淡淡的櫻花香氣。一家家拉著布幔的小店間或點綴著一路的民居，照例是安靜的。偶爾會有一些老太太掀開布幔探出頭來，空氣都因為她們沉靜的面容而變得溫柔了。更多的門口是沒有人的，但是，幾乎每戶人家的門口都會放著一排花，有

位於奈良市北部、初瀬川沿岸的長谷
寺，在叢林和花草的掩映下，愈發顯得端莊
而神聖。

的是一盆，有的是幾盆，也有的不用盆裝，而是在那種寬寬木柵欄裡，不經意地長著叫不出名字的花朵。

鹿是奈良的象徵，無論是路邊的古樹後面，還是如茵的草地裡，甚至就是在車來車往的公路上，隨處都有梅花鹿悠閒自得地棲息在那裡。這些野生的鹿群怡然自得地生活在春日山腳下，自由地出入於森林、草坪、寺院、公園之中。對於路人投去的目光，這些已經見足了大場面的梅花鹿幾乎是無動於衷的。除非牠們餓了，要不然牠們永遠像公主在自己宮廷的後花園裡一樣，我行我素、悠然自得。

有人說奈良就是唐朝的遺孤，在遙遠的日本重現唐朝的風采。此言不差，佛像上依稀可辨的油彩見證了歷史的風華，斑駁的木樺穿透了歷史的體溫，盛唐之音的華彩樂章穿越了12個世紀，我們應該感謝奈良城，只為盛唐。

奈良公園內的東大寺，是世界上最大的木造建築，富於中國瑰麗精細、變化萬千的建築風格。寺內有鑄造於西元8世紀中葉的金銅佛像，高16公尺多，重約5噸，是世界上最大的金銅佛像，代表了天平時代文化的精華，被定為日本的「國寶」。

城市西郊的唐昭提寺，建於759年，是中國唐朝鑒真大師創建的。這座古老佛寺充分體現了中國盛唐時期建築和造型藝術的高超水準，由金堂、開山堂、講堂、禮堂、寶藏、經藏等眾多殿宇和庭院組成，極盛時期有僧徒3000餘人。開山堂裡鑒真大師的乾漆圓寂姿態坐像，面顯微笑，雙目緊閉，面向西方，也是日本的國寶，更是中日友好的見證。

鹿是奈良的吉祥物，是這個古都不可缺少的一部分。

芭達雅

釋◆放◆激◆情 ， 燃◆燒◆自◆己

Pattaya

地理位置
亞洲 泰國

天堂名片
夜生活、
特色人妖

如果你是來尋找迷人的Sand和Sunshine，那就忘掉芭達雅吧；如果你想要的是夜色、酒吧、霓虹以及肆意的放縱，那來芭達雅就對了！

芭達雅是東南亞國度泰國的一個度假勝地，被人稱做「東方夏威夷」。連綿鬆軟的沙灘，晶瑩清澈的海水，東南亞經典的珊瑚島，終年陽光普照下的帆船和漁船，還有依海而建的幢幢漁屋，使芭達雅自然而然成為出眾的景點。然而，這並不是芭達雅的魅力所在，而且隨著時間的推移，芭達雅偶爾還會因為環境治理不力而偶現垃圾，折損情趣。即便如此，這裡每年仍彙聚著來自世界各地的年輕遊客，原因很簡單——廉價的消費、放縱的Happy以及特色人妖。

初到芭達雅你會很不習慣，這裡白天幾乎平平無奇，只有到了華燈初上的午夜，芭達雅才會甦醒過來。街道兩側霓虹閃爍、燈火輝煌，街道上充斥著各家酒吧中強勁的音樂，車流聲、喧鬧聲鼎沸起來，靚麗的酒吧女郎賣力地招呼著客人。在海邊的露天酒吧，聚集的人群就更加瘋狂。到處是隨著勁爆節奏狂舞的客人，到處是尖叫聲、口哨聲和瀰散在周遭空氣中的酒精味道，如果High得足夠，有人甚至會跳上吧台，舞出一段熱辣的激情。

酒吧周圍還有很多成人秀的表演，蒙喳喳、豔舞、金絲貓秀、神秘秀……芭達雅延續了它誕生之初的特點——它原本是越戰時美軍士兵尋歡作樂之所。直至今日，芭達雅還是那樣瘋狂、迷亂，沒有約束，只有放縱。

在芭達雅，連泰國最負盛名的人妖表演也是頂級的。在「東方公主號」上，你可以近距離地觀看美豔的人妖表演。這裡的人妖是泰國最美豔的，個個皮膚嫩滑、身材傲人，而表演的熱舞也是風姿綽約、風情無限。無盡的夜夜笙歌，無盡的目眩神迷，就在芭達雅將你的熱情無限釋放，將你的快樂肆意放縱。

芭達雅的夜色，充滿了魅惑和原始的野性。

全球最美的人間天堂

作　　者	《圖說天下・透過鏡頭系列》編輯委員會
發 行 人	林敬彬
主　　編	楊安瑜
編　　輯	陳佩君
美術編排	詹雅卉
封面設計	詹雅卉

出　　版	大旗出版　行政院新聞局北市業字第1688號
發　　行	大都會文化事業有限公司
	11051台北市信義區基隆路一段432號4樓之9
	讀者服務專線：(02) 27235216
	讀者服務傳真：(02) 27235220
	電子郵件信箱：metro@ms21.hinet.net
	網　　　址：www.metrobook.com.tw

郵政劃撥	14050529 大都會文化事業有限公司
出版日期	2012年04月初版一刷
定　　價	280元

I S B N	978-986-6234-38-5
書　　號	Image-19

Metropolitan Culture Enterprise Co., Ltd.
4F-9, Double Hero Bldg.,432,Keelung Rd.,Sec.1,
Taipei 11051,Taiwan
Tel:+886-2-2723-5216　Fax:+886-2-2723-5220
Web-site:www.metrobook.com.tw
E-mail:metro@ms21.hinet.net

◎本書由吉林出版集團有限責任公司授權繁體字版之出版發行
◎本書如有缺頁、破損、裝訂錯誤，請寄回本公司更換
　　版權所有・翻印必究
Print in Taiwan.　All rights reserved.

國家圖書館出版品預行編目資料

全球最美的人間天堂/《圖說天下.透過鏡頭系列》
　編輯委員會著. — 初版. — 臺北市 ：
　　大旗出版 ：大都會文化發行，2012.04
　　　192面 ； 23×17公分
　　　ISBN 978-986-6234-38-5(平裝)

　　1.世界地理

716　　　　　　　　　　　　　　　101004033